Rotfuchs

Mit Illustrationen von
Katja Schmiedeskamp

Michaela Holzinger

INSPEKTOR Möhre

Theater auf dem Pfannkuchenhof

Rotfuchs

Originalausgabe
Veröffentlicht im Rowohlt Taschenbuch Verlag,
Hamburg, September 2023

Lektorat Sophie Härtling
Einbandgestaltung Cordula Schmidt Design, Hamburg
Einbandabbildung Katja Schmiedeskamp
Innengestaltung Birgit Rohrbach
Satz aus der Thesis Serif
bei CPI books GmbH, Leck
Druck und Bindung Print Consult GmbH, München
ISBN 978-3-499-01099-6

Die Rowohlt Verlage haben sich zu einer nachhaltigen Buchproduktion verpflichtet. Gemeinsam mit unseren Partnern und Lieferanten setzen wir uns für eine klimaneutrale Buchproduktion ein, die den Erwerb von Klimazertifikaten zur Kompensation des CO_2-Ausstoßes einschließt.
www.klimaneutralerverlag.de

FSC www.fsc.org MIX Papier aus verantwortungsvollen Quellen FSC® C084279

Inhalt

Im Apfeltal,
wo ein wirklich schlaues Pony zu Hause ist 11

Möhre sieht einen Schatten,
doch niemanden interessiert's 18

Frau Pettersen hat eine Idee,
aber der Inspektor auch 28

Im Apfeltal sind die Schweine los,
und das Theater nimmt seinen Lauf 41

Ein haariges Geheimnis,
doch diesmal ist es gut,
dass sich niemand dafür interessiert 51

Vorhang auf,
doch vorher wird Möhre noch ein König 63

Die Klassenkasse klingelt,
und das freut nicht nur die Kinder 79

Oh Schreck,
das Geld ist weg! 89

Zwischen Feld, Wald und Flur
sind die Apfeltaldetektive dem Täter
auf der Spur 102

Greta, Wolke, Hennes und Jasper
stellen dem Täter eine Falle,
aber ob sie zuschnappen wird? 112

Von Kindern und Wollschweinen
kann man eine Menge lernen,
findet Möhre heraus 123

Oma Astrid radelt mit Bertram
nach Bad Wilbek
und kommt mit einer Überraschung zurück 135

Möhres Geheimcode
Pssst – streng vertraulich 143

PST!
Auf der vorletzten Seite
verrate ich dir meinen
streng geheimen Geheimcode
zum Mitraten.
Aber nur, weil du's bist!

Die Apfeltaldetektive sind:

Greta:

- liebt Ponys
- ist total hilfsbereit
- Dolmetscherin von Möhre

Wolke:

- liebt Bücher
- ist genial verträumt
- Spezialistin für Recherche

Hennes:

- liebt Sport
- ist ganz schön mutig
- Stuntman

Jasper:

- liebt Rätsel
- ist superneugierig
- Technikgenie

Möhre:

- liebt Möhren
- ist unendlich schlau
- bester Spion aller Zeiten

Im Apfeltal,
wo ein wirklich schlaues Pony zu Hause ist

Es war einer dieser Tage, wie sie im Apfeltal ständig vorkamen. Die Sonne schien, die Vögel zwitscherten, und von irgendwoher hörte man das fröhliche Wiehern eines Ponys.

Genauer gesagt war es das freche Lachen von Lord Donnerheim, der sich mal wieder über den kleinsten Bewohner vom Pfannkuchenhof lustig machte.

Der Pfannkuchenhof war ein kleiner Ponyhof im Apfeltal. Er stand inmitten von Apfelbäumen, der Schule, dem Dorfladen, der Bücherei, der alten Mühle und natürlich den Wohnhäusern. Nun fragst du dich bestimmt, woher der Pfannkuchenhof seinen Namen hatte. Aber wenn du ihn dir einmal genau betrachtest, mit seinem welligen Strohdach, das ein bisschen wie ein übergroßer Pfannkuchen aussah,

dann wirst du es verstehen! Der Name passte gut zu ihm, denn Pfannkuchen mag fast jeder, und so verhielt es sich auch mit dem Hof. Die meisten Kinder aus dem Tal kamen regelmäßig zu Besuch. Das lag nicht nur an den Ponys und daran, dass Oma Astrid total nett war, sondern auch an ihrem weltbesten Apfelkuchen! Außer Oma Astrid und den Ponys lebten auf dem Hof noch Zicki und Zacki, die beiden Wollschweine, Miss Mäusefänger, die Hofkatze, eine Schar Hühner und

natürlich der kleinste Bewohner, Pony Möhre, von dem diese Geschichte übrigens erzählt. Vor allem von seinen detektivischen Heldentaten, aber dazu gleich mehr.

Möhre wollte nämlich soeben von der Ponyweide losflitzen, weil er etwas Verdächtiges beobachtet hatte – da war gerade ein seltsamer Schatten vorbeigehuscht –, als Lord Donnerheim mal wieder frech dazwischenwieherte: «Habt ihr Kohldampf? Hier kommt eine Möhre angelaufen!»

Ich muss zugeben, Lord Donnerheim hatte damit nicht ganz unrecht. Möhre sah wirklich ein bisschen wie eine Möhre aus. Er war ein waschechtes Minipony, nicht viel größer als ein Schaf. Seinen Namen verdankte er dem Umstand, dass sein Fell so orange war, wie es eben Möhren sind. Bis auf sein Hinterteil. Dort befanden sich ein paar weiße Tupfen, die locker als Ponysommersprossen durchgingen. Aber die nutzten Möhre wenig, wenn es um die Ähnlichkeit zu dem orangefarbenen Gemüse ging. Du kannst dir vorstellen, dass Möhre Donnis lahme Witze nicht besonders lustig fand. Er konnte schließlich nichts für seine Fellfarbe. Und schon gar nicht konnte Möhre etwas dafür, dass er so miniklein geraten war. Nicht mal ein Kind konnte auf ihm reiten. Lord Donnerheim, der ein

waschechtes deutsches Reitpony war, glaubte daher, ihn deswegen aufziehen zu dürfen.

Früher hatte sich Möhre sehr darüber geärgert. Doch seitdem er unter die Detektive gegangen war, fand Möhre seine Größe gar nicht mehr so schlimm. Im Gegenteil! So konnte er sich überall verstecken, ohne groß aufzufallen, während er das Geschehen im Auge hatte. Denn das Beobachten und Herausfinden von Beweisen ist schließlich eines der wichtigsten Dinge, wenn man ein Inspektor ist! Das wusste Möhre ganz genau, aber nicht nur das! Und jetzt halt dich gut fest, weil du sonst vor lauter Staunen vom Stuhl kippst oder noch aus dem Bett plumpst, denn was ich dir jetzt verrate, ist mehr als erstaunlich.

Möhre war nicht nur superdupergut im Rätsellösen und Fälleknacken. Nein, er konnte tatsächlich lesen und rechnen! Ja, sogar ein bisschen schreiben konnte er, und das hatte er niemand anderem zu verdanken als ausgerechnet dem ollen Lord. Denn hätte Donni ihn nicht ständig auf der Ponyweide geärgert, wäre Möhre nie auf die Idee gekommen, lieber bei Zicki und Zacki zu grasen. Die Weide der beiden Wollschweine befand sich gleich hinter der Grundschule, von wo man herrlich in die Klassenzimmer hineinlinsen konnte. Was Möhre auch tat, und zwar immer dann, wenn Unterricht war. Und so

lernte er mit der Zeit nicht nur die Menschensprache, sondern auch die Buchstaben und die Zahlen und andere Dinge, die man so in einer Schule lernt.

Davon wusste aber kaum jemand etwas im Apfeltal. Möhres Schlauheit war ein Geheimnis. Er war schließlich nicht so ein Angeber wie Lord Donnerheim, dieser aufgeblasene Ponygockel. Der glaubte tatsächlich, etwas

Besseres zu sein, bloß weil er in jungen Ponyjahren mal ein paar Turnierschleifen eingeheimst hatte. Zugegeben, ein paar coole Moves hatte das lackschwarze Pony schon drauf. Doch das war noch lange kein Grund, so eingebildet zu sein.

Möhre erzählte aber nicht nur deswegen kaum jemandem davon, dass er kein normales Minipony war.

Es lag auch an den vier Apfeltaldetektiven und ihrem Detektivbüro, das sie vor Kurzem gegründet hatten. Greta, Wolke, Hennes und Jasper, so hießen die vier Kinder, mit denen er nun richtige Kriminalfälle löste. Möhre war nämlich nicht nur heimliches Mitglied der Apfeltaldetektive, sondern sogar ihre absolute Geheimwaffe! Schließlich würde niemand auf die Idee kommen, dass Möhre so schlau war, und das war auch gut so. So konnte er in aller Ruhe alles ausspionieren, ohne dass jemand groß Verdacht dabei schöpfte. Denn auch wenn es im Apfeltal meist sehr beschaulich zuging, passierte doch hin und wieder die eine oder andere Merkwürdigkeit. Solche von jener Sorte, wie sie auch gerade eben passiert war. Also, diese Sache mit dem seltsamen Schatten. Und wenn du jetzt neugierig geworden bist, und mutig obendrein, dann hefte dich flugs an Möhres Hufe, denn nun verspricht es, spannend zu werden ...

Möhre sieht einen Schatten, doch niemanden interessiert's

Möhre hatte zum Glück alles ganz genau beobachtet. Da war dieser Schatten gewesen. Er war klammheimlich über den Hof gehuscht. Und jetzt fehlte ein großes Stück von Oma Astrids frisch gebackenem Apfelkuchen, den sie zum Auskühlen aufs Fensterbrett gestellt hatte.

Das musste Möhre sofort seinen Detektivkollegen erzählen. Schließlich waren in dieser Woche schon andere Dinge vom Hof verschwunden. Oma Astrid vermisste neuerdings ihre Wolldecke, die sie zum Trocknen auf die Wäscheleine gehängt hatte. Vom Hafer in der Haferkiste fehlte auch etwas. Und einmal, da war doch glatt Möhres Gute-Nacht-Möhre weg gewesen, die Greta ihm abends immer in seinen Trog legte. Das war alles sehr verdächtig!

Daher ignorierte Möhre jetzt auch Donnis angeberisches Ponygeblubber und flitzte

los. Quer über die Ponyweide, hin zum Zaun, wo zum Glück ein paar Latten fehlten und Möhre daher locker hindurchpasste. Dann schnurstracks hinüber zur Schulweide und – schwuppdiwupp – mit einem Miniponysprung hinauf auf den Deckel vom Brunnenschacht. Von dort hatte er nämlich die beste Sicht ins Klassenzimmer.

Die Schule hatte bereits begonnen, und an normalen Tagen hätte Möhre sich Frau Pettersens Unterricht niemals entgehen lassen. Doch heute war kein normaler Tag. Etwas war passiert, und daher peitschte Möhre jetzt wild mit dem Schweif, als wollte er gleich wie ein Hubschrauber abheben.

«Sind dir die Fliegen etwa so lästig?», grunzte Zacki verdutzt, als er seinen Rüssel aus einem Maulwurfsloch zog. Dabei wippten seine Löckchenohren sanft im Morgenwind.

«Wenn das so ist, mach's wie i-ich», jodelte Zicki von irgendwoher. Möhre musste genau hinsehen, denn zuerst konnte er seinen zweiten Wollschweinfreund gar nicht entdecken. Doch dann tauchte Zicki aus einem Schlammloch auf, in dem er sich gerade gesuhlt hatte. Als er nun auf sie zugewuselt kam, sah Zicki, der im Gegensatz zu seinem Bruder richtige Schweineborsten hatte, wirklich aus wie ein leibhaftiges Wildschwein. «Saugut», grunzte er zufrieden und reckte seinen schlammverschmierten Rüssel in Richtung Möhre. «Solltest du auch machen! Dann müsstest du nicht so mit dem Schweif rudern.»

«Das hat doch nichts mit den Fliegen zu tun», erklärte Möhre und schlug weiter mit seinem möhrenfarbenen Schweif. «Ich muss nur den Kindern schnell was sagen.»

«Sag bloß», grunzte Zicki, und seine Hängeborstenohren schnellten nach oben. «Ist denn was passiert?»

«Was Detektivisches?», grunzte sein Bruder ebenso begeistert.

Auch wenn kaum jemand wusste, wie schlau Möhre wirklich war, gab es im Apfeltal dann doch einige, die in sein Geheimnis eingeweiht waren. Zicki und Zacki zum Beispiel, immerhin waren sie seine besten Freunde. Und natürlich auch Greta, Wolke, Hennes und Jasper. Es war ja ihre Idee gewesen, einen Geheimcode für Möhre zu erfinden. Denn auch wenn Möhre superschlau war, die Menschensprache sprechen konnte er dann doch nicht. Manchmal wäre das aber sehr von Vorteil gewesen – jetzt zum Beispiel! Und deshalb wedelte er nur noch wilder mit dem Schweif. Das war einer der Geheimcodes. (Und damit du auch eingeweiht bist und immer weißt, was

Möhre seinen Freunden mitteilen will, kannst du seine Geheimcodes hinten im Buch nachschlagen.)

Doch es war wie verhext. Die vier Apfeltaldetektive bemerkten Möhre gar nicht. In der Klasse ging es nämlich gerade drunter und drüber. Frau Pettersen musste irgendwas Tolles erzählt haben, denn alle Kinder jubelten, als hätten sie von der Lehrerin soeben eine Woche hausaufgabenfrei bekommen.

«Nanu», schnaubte Möhre verdutzt. «Da ist endlich was passiert, und dann interessiert es keinen?»

«Uns schon!», grunzten Zicki und Zacki und sahen Möhre mit ihren Knopfaugen erwartungsvoll an.

Eigentlich hätte er die Neuigkeit ja lieber den vier Apfeltaldetektiven erzählt, aber da sie anscheinend ge-

rade keine Zeit für ihn hatten, berichtete Möhre eben seinen Wollschweinfreunden davon, was vorhin auf dem Hof geschehen war.

«Oinkidoinki», quiekte Zacki begeistert. «Dem Futterdieb kommt ihr bestimmt bald auf die Spur!»

«Na, hoffentlich nicht», murmelte Zicki. Als Möhre und Zacki ihn daraufhin verdutzt ansahen, stöhnte er laut auf. «Oje, hab ich das gerade laut gesagt?»

Zacki kicherte. «Hast wohl die Borsten voll!»

«Von wegen», grummelte Zicki beleidigt.

«Und warum willst du dann nicht, dass unser Inspektor hier den Dieb enttarnt?», hakte sein Wollschweinbruder nach.

«Das würde mich auch interessieren», sagte Möhre und sah Zicki streng an. Als dieser unter seinem Inspektorblick prompt knallrot anlief, seufzte Möhre. «Ich glaube fast, ich habe den Dieb schon entlarvt.»

«Was? So schnell?» Zacki gab einen überraschten Quieker von sich. «Wer war's denn?»

«Na, er», brummelte Möhre und nickte in Zickis Richtung.

Verdutzt schüttelte Zacki seine Ringellöckchen. «Wieso? Das versteh ich nicht ...»

«Hast du es denn nicht bemerkt? Seine roten Ohren haben ihn verraten. Außerdem weiß jeder, wie verfressen dein Bruder ist», gab Möhre schlecht gelaunt zur Antwort. Nicht nur, weil sie nun keinen Fall mehr hatten, wo er sich doch schon so darauf gefreut hatte. Es war auch, weil er es so gar nicht leiden konnte, wenn ihm jemand seine Gute-Nacht-Möhre wegfutterte, und das sagte er Zicki jetzt auch.

«Aber das mit deiner Möhre war ich doch gar nicht!», verteidigte sich das Wollschwein. «So was Gemeines würde ich im Leben nicht tun! Ich weiß doch, wie sehr du Möhren magst! Und die Wolldecke von Oma Astrid hab ich auch nicht geklaut. Und den Apfelkuchen schon gar nicht. Nur ...» Zickis Stimme wurde kleinlaut. «... nur neulich nachts, da hatte ich eben saumäßigen Hunger und bin heimlich zur Haferkiste. Du liebes Schweinchen! So ein kleiner Mitternachtssnack hat doch noch niemandem geschadet. Deswegen muss man nicht gleich so ein Theater drum machen und mich verhören, als wäre ich der Oberganove schlechthin.»

Jetzt waren es Möhres Ohren, die vor Begeisterung nach oben schnellten, und er schnaubte vergnügt: «Stimmt!» Denn eines wusste Möhre ganz genau: Sein

Wollschweinfreund mochte zwar verfressen sein, doch ein Lügner war Zicki nicht. Außerdem hatte der Schatten tatsächlich anders ausgesehen, wenn er sich nun recht erinnerte. Nicht so wuzzelig und borstig, eher langbeinig und spindeldürr. Doch das sagte Möhre dem kugelrunden Zicki lieber nicht. Vielmehr tat er das, was ein Inspektor jetzt tun würde. Er sprang vom Podest und verfolgte die Spur, solange sie noch heiß war. Denn eines war glasklar – sie hatten doch einen Fall!

Möhre untersuchte alles ganz genau rund um den Pfannkuchenhof. Tatsächlich stieß er bald auf eine verdächtige Spur, die in den Wald führte. Verdächtig war sie deshalb, weil sie weder von einem Menschen noch von einem

Pony, einem Wollschwein, einem Huhn oder einer Katze stammte. Also von niemandem, der zum Hof gehörte. Das war ein wichtiger Hinweis, und eigentlich hätte sich Möhre über diese Entdeckung auch gefreut. Doch gleichzeitig fand er heraus, dass das Inspektorsein ohne die vier anderen Detektive ziemlich langweilig war.

Wie gut, dass am Nachmittag das Abenteuerreiten auf dem Plan stand. Da kamen immer viele Kinder auf den Pfannkuchenhof, und natürlich auch Greta, Wolke, Hennes und Jasper.

Seit das Dach der Turnhalle durch einen Sturm kaputtgegangen war, veranstaltete Oma Astrid das Reiten auf dem Pfannkuchenhof. Schließlich tat die frische Luft und Bewegung nicht nur den Kindern gut, sondern auch den Ponys.

Und Oma Astrid machte sich als Ersatz-Turnlehrerin total gut. Jedes Mal ließ sie sich etwas Neues einfallen, sodass das Abenteuerreiten wirklich immer ein echtes Abenteuer war.

Heute sollten die Kinder mit Wasser gefüllte Pappbecher tragen. Natürlich nicht einfach so, sondern auf dem Ponyrücken und das auch noch verkehrt herum! Wer es schaffte, sein Pony durch den Parcours zu lenken, ohne dabei das Wasser zu verschütten, durfte sich ein Stück von dem frisch gebackenen Apfelkuchen nehmen.

Von dem fehlte jetzt zwar schon ein gutes Stück, aber schmecken tat er deswegen immer noch genauso gut.

Und deshalb beeilte Möhre sich nun lieber, um rechtzeitig zurück zum Hof zu kommen. Immerhin würden bald die Kinder eintrudeln, und dann konnte er den vier Apfeltaldetektiven endlich erzählen, was geschehen war – und auch, was er in der Zwischenzeit ohne sie herausgefunden hatte.

Frau Pettersen hat eine Idee, aber der Inspektor auch

Als Möhre von seiner Erkundungstour zurückkam, hatte Oma Astrid schon alles für das Abenteuerreiten vorbereitet. Schnurstracks trabte er in Richtung Sandplatz, wo gerade auch Greta und Wolke eintrafen.

«Endlich», schnaubte er erleichtert und trippelte auf die beiden zu. Dabei zwinkerte er wild mit den Augen, weil das nämlich auch einer ihrer Geheimcodes war. Doch es war schon wieder wie verhext.

Eigentlich war Greta sein absoluter Lieblingsmensch! Nicht nur, weil sie ihm jeden Tag eine Gute-Nacht-Möhre in den Trog legte, sondern auch, weil sie immer sein Fell striegelte, obwohl sie gar nicht auf ihm reiten konnte.

Aber jetzt sagte sie nur: «Hab noch ein bisschen Geduld, Möhre, wir müssen erst mal dringend mit Oma Astrid sprechen.»

«Das ist gaaanz wichtig», fügte Wolke hinzu, während ihre Augen vor Aufregung hinter der Brille blitzten. Schnell kraulten sie ihm im Vorübergehen das Fell, ehe sie ihn dann einfach stehen ließen.

«Na, so was», brummelte Möhre verdutzt. «Für was haben wir einen Pony-Geheimcode, wenn sich keiner dran hält. Und was soll bitte schön wichtiger sein als der Schatten von einem Dieb?!»

Doch kaum hatte Möhre das gebrummelt, lüftete sich auch schon das Geheimnis.

«Oma Astrid», riefen nämlich die beiden. «Du glaubst

nicht, was heute in der Schule passiert ist!» Und dann quasselten Greta und Wolke so wild durcheinander, dass Möhre bald die Miniponyohren davon summten.

Doch so begriff er, warum sich am Vormittag beim Klassenzimmerfenster niemand für ihn interessiert hatte. Frau Pettersen, die Lehrerin, hatte nämlich endlich eine Lösung für die verflixte Sache mit dem Schulbus gefunden.

Im Apfeltal, musst du wissen, fährt kein Zug und es gibt auch keine öffentlichen Busse. Das ist ganz schön blöd, wenn man mal in die nächste Stadt nach Bad Wilbek fahren will. Und auch einen Klassenausflug kann man nicht so einfach organisieren. Deshalb war Frau Pettersen eines Tages auf die Idee gekommen, sich einen Minivan zu kaufen, in dem alle Kinder aus ihrer Klasse Platz fanden. So konnten sie endlich tolle Schulfahrten unternehmen. Doch dann war Jasper mit seinen Eltern ins Apfeltal gezogen. Genauer gesagt in die alte Mühle, gleich hinter der Ponyweide. Und mit einem Mal war es ein Kind zu viel für Frau Pettersens Minivan. Im Apfeltal ist im Grunde natürlich genügend Platz für alle. In den Bus passen aber nur zwölf Kinder hinein, und mit Jasper waren sie nun dreizehn. Du kannst dir also vorstellen, dass die Kinder am Anfang nicht besonders begeistert waren, dass Jasper plötzlich in ihre Klasse ging.

Mit Möhres Hilfe aber fand Jasper schnell Freunde, nämlich Greta, Wolke und Hennes. Und er wurde sogar zum neuen Mitglied in ihrem Detektivclub ernannt. Jasper war nämlich ziemlich clever! Außerdem besaß er einen megacoolen Detektivkoffer mit allerhand megacoolen Detektivsachen darin, aber darauf komme ich später noch einmal zurück, denn Greta und Wolke erzählten gerade, dass Frau Pettersen eine Idee hatte, wie sie den Umbau ihres Minivans bezahlen konnte, damit alle dreizehn Kinder aus ihrer Klasse Platz darin hätten.

«Wir werden eine Theateraufführung im Apfeltal machen», jubelte Greta.

«Und mit den Eintrittsgeldern wird der Bus umgebaut», fügte Wolke genauso jubelnd hinzu. «So können wir endlich ins Tal der Dinosaurier fahren. Dort gibt es echte Dinoknochen, weißt du?»

Oma Astrid, die, um genau zu sein, niemandes echte Oma war und dennoch für alle im Apfeltal wie eine echte war, nickte. «Ja, davon habe ich in der Zeitung gelesen. Das ist ja eine tolle Idee von eurer Klassenlehrerin. Ich werde ganz bestimmt zu eurer Aufführung kommen, versprochen.»

«Darüber wollten wir eigentlich mit dir reden», meinte Greta und grinste schief. «Es gibt da nämlich einen Haken. Wir können das Theater nur aufführen, wenn wir einen passenden Ort dafür finden. Im Freien geht es nicht, weil es ja regnen könnte. Die Turnhalle ist immer noch geschlossen, und in der Schule ist zu wenig Platz für so viele Besucher. Aber hier auf dem Pfannkuchenhof in der großen Heuscheune, da wäre es perfekt!»

«Total», stimmte Wolke ihrer Freundin zu. «Das Heu vom letzten Jahr haben die Ponys fast schon aufgefuttert, und bis zur Ernte im Sommer ist es noch eine Weile hin. Die restlichen Heuballen könnten wir als Sitzmöglichkeiten für die Zuschauer hernehmen, dann ist in der Scheune genügend Platz.»

«Und obendrein haben wir dann auch schon die perfekte Kulisse», sagte Greta wichtig. «Unser Theater wird nämlich im Mittelalter spielen. Da passen das viele Holz und das Heu gut. Mehr verraten wir dir jetzt

aber nicht, weil es sonst keine Überraschung für dich werden wird, wenn du zugucken kommst.»

«Und das wollen wir doch nicht», schmunzelte Oma Astrid. «Wo endlich mal etwas im Apfeltal passiert!» Sie klopfte sich den Sand von den Händen und blickte die beiden Mädchen amüsiert an, die vor lauter Anspannung glatt die Luft anhielten. «Natürlich könnt ihr die Scheune für euer Theater haben», sagte Oma Astrid schließlich, weil sie die Mädchen nicht länger auf die Folter spannen wollte. «Ich finde die Idee sogar großartig!»

Da fielen die beiden ihr um den Hals und jubelten: «Du bist die Beste!» Und dann halfen Greta und Wolke Oma Astrid bei den restlichen Vorbereitungen, ehe es mit dem Abenteuerreiten auch schon losging.

Greta ritt dieses Mal auf Winnetou und Wolke wie immer auf der langsamen Elsbeth. Hennes saß auf Rocky, und Jasper zockelte auf der freundlichen Pepina durch den Parcours.

Während alle dabei mächtig Spaß hatten und Donni mal wieder oberangeberisch die Hufe in die Luft warf, stand Möhre etwas abseits und grübelte vor sich hin.

Heute war ja so einiges los gewesen auf dem Pfannkuchenhof. Aber ob das auch alles wirklich so superduper war? Klar, der Schatten war definitiv superduper. Denn das bedeutete nichts anderes, als dass sie einen neuen

Fall hatten – und Möhre war gern ein Inspektor. Doch wie verhielt es sich mit diesem Theaterdings, von dem Greta und Wolke vorhin erzählt hatten? Natürlich war es für die Kinder toll, wenn sie wieder Klassenausflüge machen konnten. Und so ein Theater war vielleicht ja auch mal eine nette Abwechslung. Nur … wieso freute er sich dann nicht, sondern fühlte sich so komisch dabei?

«Mm», machte Möhre, während er am Rand des Sandplatzes stand und Zicki und Zacki neben ihm soeben in wildes Schweinegelächter ausbrachen. Als Möhre nicht mit einstimmte, fragte Zacki verwundert: «Was ist denn

los? Siehst du nicht, wie doof sich Lord Dummi gerade anstellt?»

Lord Donnerheims angeberisches Dressur-Getänzel war heute nämlich so gar nicht gefragt. Je ruhiger die Ponys durch den Parcours trotteten, umso besser, denn die Kinder hatten natürlich auch so alle Mühe, kein Wasser zu verschütten! Timo, der das lackschwarze Pony ritt, wurde mit seinem Wasserbecher ganz schön auf Donnis Rücken durchgeschüttelt und war innerhalb kürzester Zeit klitschnass. Zicki und Zacki amüsierten sich daher prächtig. Möhre hingegen blieb weiterhin stumm, und das fand nun auch Zicki merkwürdig.

«Man könnte meinen, du hast nichts herausgefunden, als du der Spur des Futterdiebs gefolgt bist», grunzte er besorgt.

«Doch, ich hab schon was herausgefunden», gab Möhre zur Antwort. «Sogar was sehr Interessantes.»

«Und warum guckst du dann so?», wunderte sich Zicki.

«Wenn ich das wüsste», seufzte er und erzählte seinen Wollschweinfreunden, dass er vorhin am Waldrand eine Spur entdeckt hatte. Und auch, warum die Kinder am Vormittag keine Zeit für ihn gehabt hatten und vorhin übrigens ebenfalls nicht.

«Oinkidoinki!», quiekte Zacki. «Jetzt wird mir so einiges klar!»

«Grunzoklaro!», meinte Zicki und nickte wissend unter seinen wilden Borsten. «Ein Inspektor ohne Team, das geht nie gut aus. Das hast du uns von den Sonntagskrimis selbst erzählt. Kein Wunder, dass du so ein langes Ponygesicht machst.»

Jeden Sonntag, musst du wissen, guckte Oma Astrid nämlich am Abend den Sonntagskrimi im Fernsehen. Früher hatte ihr der Hofhund Bruno dabei Gesellschaft geleistet, der war aber letzten Winter an Altersschwäche gestorben. Und weil Möhre Krimis genauso spannend fand wie Bruno und Oma Astrid, hatte er daraufhin einfach Brunos Platz eingenommen. Oma Astrid hatte zum Glück auch gar nichts dagegen einzuwenden, dass Möhre von nun an durch die Hundeklappe ins Innere des Hauses kam und es sich auf Brunos Hundebett gemütlich machte. Denn die Krimis im Fernsehen waren ja nicht nur spannend, sondern Möhre lernte daraus auch so einiges Detektivisches. Und das erzählte er danach immer gern seinen

Wollschweinfreunden. Zum Beispiel eben, dass meist nichts Gutes dabei rauskam, wenn ein Inspektor ohne Rückendeckung auf Verbrecherjagd ging.

«Ihr meint, ich vermisse die vier?», schnaubte Möhre verwundert.

«Ist doch logo», grunzte Zacki. «So ganz alleine einen Dieb zu schnappen, ist nicht nur todlangweilig, sondern bestimmt auch gefährlich.»

«Aber vielleicht», lenkte Zicki ein, «hat der Futterdieb längst das Weite gesucht, weil er nun pappsatt ist. Dann brauchst du dich gar nicht mehr darum zu kümmern.»

«Genau!» Zackis Löckchengesicht erhellte sich. «Stattdessen machst du einfach beim Theater mit. Das ist bestimmt genauso spannend wie deine Sonntagskrimis. Immerhin verstehst du ja jedes Wort, was sie sagen.»

Unsicher linste Möhre zu Greta, die Winnetou soeben ein Küsschen gab, weil die beiden es ohne Probleme durch den Parcours geschafft hatten. Dazu muss man sagen, dass Greta alle Ponys auf dem Pfannkuchenhof gleichermaßen liebte. Sie war eben ein richtiges Pferdemädchen, und an anderen Tagen hätte Möhre auch überhaupt kein Problem damit gehabt, dass sie gerade Winnetou abknutschte. Jetzt hingegen spürte er ein seltsames Zwacken in seinem Miniponybauch, und er murmelte: «Meint ihr, die wollen das überhaupt?!»

Zicki und Zacki nickten entschieden. «Wenn die jemanden dabeihaben wollen, dann dich!»

Da fühlte sich Möhre glatt ein wenig besser. So eine Theateraufführung war vielleicht wirklich ganz spannend. Zumindest wollte er dem Ganzen eine Chance geben.

Doch kaum hatte er das gedacht, hörte er, wie Paul rief: «Wer von euch hat mein Wurstbrot aufgefuttert? Das war vorhin noch in meinem Rucksack auf der Bank. Und jetzt ist es weg!»

Als keines der Reitkinder antwortete, seufzte Oma Astrid: «Jemand scheint in letzter Zeit ordentlich Hunger zu haben. Heute Morgen ist auch ein Stück von meinem Apfelkuchen verschwunden.»

«Das hat bestimmt eines der Ponys geklaut», rief Alexander grinsend.

«Oder es waren die Wollschweine», sagte Safina. «Die sind so was von verfressen.»

«Sag mal, geht's noch?», schnaubte Möhre empört. «Die verdächtigen uns, dass wir der Futterdieb sind!»

«Na ja», gab Zicki zu bedenken, «so ganz unrecht haben sie ja nicht.»

«Na gut, mit dem Hafer vielleicht», sagte Möhre. «Aber mit dem Rest nicht!» Aufgebracht stampfte er auf. «Und das werden wir auch beweisen.»

«Wie, wir?», fragte Zacki langsam.

«Na, ihr zwei helft mir dabei», antwortete Möhre bestimmt. «Wenn die dort drüben meinen, dass sie keine Zeit mehr für so was haben, dann nehmen wir das ab jetzt eben selbst in die Hufe!»

Im Apfeltal sind die Schweine los, und das Theater nimmt seinen Lauf

Während Möhre Zicki und Zacki damit beauftragte, in der Zwischenzeit ihre Schweinchenohren offen zu halten, bestätigte sich sein schlimmster Verdacht. Als Greta nach dem Abenteuerreiten zu ihm kam, quasselte sie von nichts anderem als von der blöden Theateraufführung.

«Stell dir vor», trällerte sie, während sie Möhres Sommersprossen-Ponypopo bürstete. «Ich darf die Königin spielen. Ist das nicht toll?!»

Aus Protest schüttelte Möhre die Mähne. Doch Greta war so abgelenkt, dass sie seine

Geheimcode-Antwort gar nicht mitkriegte. Möhre seufzte. Bisher war das immer seine liebste Zeit des Tages gewesen, wenn Greta ihm nach ihrer Reitstunde eine superduper Pony-Ganzkörpermassage verpasste. Dabei plauderten sie immer und kuschelten auch, und das war bisher immer wunderschön gewesen.

Jetzt hingegen kam es Möhre so vor, als könnte Greta gar nicht schnell genug fertig werden mit Bürsten. «Wir treffen uns alle gleich bei der alten Mühle», sagte sie da auch schon eifrig. «Jaspers Eltern haben erlaubt, dass wir ihre Kostüme und Requisiten benutzen dürfen. Die machen ja Musik als Beruf und haben eine riesige Kiste mit ganz vielen Bühnensachen. Heute darf sich jeder sein Kostüm aussuchen. Cool, oder? Deshalb muss ich jetzt auch los!»

Sie pfefferte die Bürste zurück in die Putzkiste, drückte Möhre einen beiläufigen Schmatz auf die Nüstern, und weg war sie. Das Schlimmste war aber, dass Greta dabei glatt vergaß, ihm seine Gute-Nacht-Möhre in den Trog zu legen – und das war bisher noch nie passiert!

Wehmütig blickte er Greta hinterher, als sie über die Ponyweide auf die alte Mühle zulief. Dabei fragte er sich, ob das ab jetzt immer so ablaufen würde. Der Gedanke war so furchtbar, dass es in seinem Bauch prompt schon wieder zwackte. Glücklicherweise aber wusste Möhre ein gutes Mittel gegen Bauchzwacken! Nämlich Dinge zu tun, die man gern macht, und dazu gehörte eindeutig Fälle aufzuklären. Wie gut also, dass der Futterdieb vorhin wieder zugeschlagen hatte. Mit dem gestohlenen Wurstbrot hatte er sich ganz schön was eingebrockt! Denn Möhre hatte nun eine Ahnung, wer hinter dem Ganzen stecken könnte. Er musste bloß noch etwas überprüfen. Flugs trabte er also los und sah im nächsten Moment, wie Zicki und Zacki im rasanten Schweinezickzack an ihm vorbeidüsten. Geradewegs auf die Ponyweide zu.

«Nanu, was haben die denn dort zu suchen?», wunderte er sich und folgte den beiden, denn Zicki und Zacki betraten sonst nie die Weide der Ponys. Lord Donnerheim war nämlich ziemlich streng, was das anging. Und wirklich hörte Möhre ihn auch schon schimpfen, als er hinter den Wollschweinen her durch den Zaun schlüpfte.

«He, ihr Winzlinge! Ihr habt hier nichts zu suchen! Das ist unsere Weide!», schnaubte er empört.

«Mach dich mal locker», grunzte Zicki lässig. «Wir sind da, um den Futterdieb zu finden.»

«Welchen Futterdieb?», wollte Donni wissen.

«Na, den, der seit Tagen auf dem Hof alles aufmampft», antwortete Zacki. «Und die Menschen denken, dass wir dahinterstecken!»

Lord Donnerheim schnaubte höhnisch. «Und was geht uns das an?»

«Weil die Menschen euch ebenso verdächtigen», grunzte Zicki schadenfroh.

«Was?» Der Lord schüttelte seine lackschwarze Mähne. «Wieso? Wir waren das doch nicht!»

«Wir aber auch nicht», konterte Zacki, wobei Zicki wieder rote Schweineöhrchen kriegte. Doch zum Glück war der eingebildete Donni viel zu sehr mit sich selbst beschäftigt, um das zu bemerken.

«Wieso wisst ihr das überhaupt?», mischte sich jetzt Elsbeth ein.

Und Winnetou fragte: «Könnt ihr neuerdings die Menschensprache?»

«Wir nicht», raunte Zacki verschwörerisch in die Ponygruppe. «Aber …» Doch weiter kam er nicht, denn da sprang Möhre wie ein Gummiball dazwischen und wieherte: «Da seid ihr ja! Kommt ihr? Ich muss euch dringend was zeigen!»

«Oh», grunzte Zacki oberwichtig, der die Aufmerksamkeit der Ponys sichtlich genoss. «Bestimmt gibt es einen Hinweis auf den Dieb, dem wir auf der Spur sind. Den schnappen wir!»

«Ihr Zwerge?», spottete Donni. «Das glaubt ihr doch selbst nicht.»

«Oh doch, weil ...», plapperte Zacki munter weiter, doch wieder unterbrach Möhre ihn. «Rüssel halten!», fauchte er ihm leise zu. Denn es war ja ein Geheimnis, dass er die Menschensprache verstehen konnte.

Zum Glück ging Zacki endlich ein Licht auf. «Ach so ... ja ... wir müssen los», stotterte er und wuselte schnell davon, bevor er sich noch mehr verplapperte.

Möhre und Zicki folgten ihm, und als die Luft rein war, sagte Möhre: «Hört mal, ihr zwei Hobbydetektive! Das ist eines der wichtigsten Dinge, wenn man einen Täter schnappen will. Niemals Ermittlungsergebnisse preisgeben und schon gar nicht verraten, was die Geheimwaffe kann, klar?»

«Oinkidoinki», nuschelte Zacki verlegen. «Ich war bloß grade nur so in Fahrt ...»

«Wir wollten einfach die Ohren offen halten, wie du gesagt hast», sprang Zicki seinem Bruder bei.

«Und?», fragte Möhre. «Habt ihr etwas herausgefunden?»

Zicki und Zacki überlegten. «Nö, wenn du so fragst ...»

Grinsend schüttelte Möhre den Kopf. Mit Greta, Wolke, Hennes und Jasper wäre er mit Sicherheit längst weitergekommen, doch sie waren nun mal nicht da. Seine Wollschweinfreunde dagegen schon. Auch wenn die beiden zugegebenermaßen manchmal etwas langsam von Begriff waren. Doch das war besser, als ganz auf sich alleine gestellt zu sein, und deshalb sagte Möhre versöhnlich: «Aber *ich* habe etwas herausgefunden. Und zwar, dass unser Dieb kein Pony ist. Ponys fressen nämlich keine Wurstbrote. Außerdem hat die Spur am Waldrand ganz anders ausgesehen. Und dorthin gehen wir jetzt auch. Mit ein bisschen Glück finden wir unseren Dieb.»

Wie gut, dass es auf dem Pfannkuchenhof keine verschlossenen Pforten gab. Oma Astrid vertraute ihren

Tieren einfach! Und so war es kein Problem für die drei Ermittler, vom Hof zu verduften. Trotzdem passten sie höllisch auf, dass niemand sie sah. An den frei laufenden Möhre waren die Menschen aus dem Apfeltal längst gewöhnt. Mit Zicki und Zacki im Schlepptau war das dann aber doch eine andere Nummer.

Zum Glück war der Wald nicht weit weg. Er grenzte gleich an die Schulweide, und bald hatte Möhre die verdächtige Spur auch wieder gefunden. Sie führte von der Schulweide in den Wald. Immer tiefer ging es in das Unterholz hinein, bis Möhre und seine Wollschweinfreunde vor einer Höhle stehen blieben. Ganz schön gruselig war es hier, und aus dem Inneren der Höhle war ein unheimliches Geräusch zu hören. Es klang ungefähr so: GR-ZZZ, GR-ZZZ.

«Sag mal», murmelte Zacki. «Was für eine Art Spur war das noch mal?»

Bisher hatte Möhre dazu gar nichts Genaueres gesagt. Die Spuren waren nämlich Pfotenabdrücke gewesen. Solche, wie sie auch der alte Bruno früher auf dem Hof hinterlassen hatte. Mit ziemlicher Sicherheit war ihr Futterdieb also ein streunender Hund. Hunde liebten Wurstbrote. Und der hier musste einer von der netten

Sorte sein, weil er sich das Futter so klammheimlich vom Hof mopste. Möhre hatte vom alten Bruno viel über Hunde gelernt. Das Problem dabei war nur, dass Zicki und Zacki Hunde nicht besonders leiden konnten. Eigentlich gar nicht! Als sie noch Wollschweinferkelchen waren, hatte ihnen ihre Mama immer das Märchen vom Wolf und den drei kleinen Schweinchen erzählt. Seitdem war alles böse, was einem Wolf glich, und Hunde gehörten da leider dazu.

«Tja», antwortete Möhre ausweichend. «Von einem Bären sind die Spuren schon mal nicht. Dafür sind sie zu klein.»

«Klein ist gut», nuschelte Zicki und blinzelte in das finstere Höhlenloch.

«Und von einem Wolf stammen sie auch nicht», erklärte Möhre weiter. «Denn Wölfe gibt es im Apfeltal keine.»

«Na dann ist ja alles halb so wild», seufzte Zacki erleichtert auf.

Auf diese Antwort hatte Möhre gehofft. Denn jetzt war der Moment gekommen, um das Geheimnis zu lüften.

Und das bedeutete nun mal, dafür in die Höhle hineinzugehen. Auch wenn Möhre nun selbst etwas mulmig zumute war. In der Höhle war es nicht nur richtig finster – es bestand auch die klitzekleine Möglichkeit, dass er sich mit der «Das ist ein netter Hund»-Theorie vielleicht doch getäuscht hatte. Aber daran wollte er in dem Augenblick lieber nicht denken. Manchmal, und da wirst du Möhre zustimmen, mussten Detektive einfach mutig sein, um einen Fall aufzuklären. Und deshalb ging Möhre jetzt auch als Erster hinein.

Ein haariges Geheimnis, doch diesmal ist es gut, dass sich niemand dafür interessiert

Lange mussten Möhre, Zicki und Zacki nicht durch das Dunkel der Höhle tapsen. Schon bald sah er Oma Astrids Wolldecke auf dem Boden liegen. Darauf lag ein schokobraunes Haarknäuel und schlummerte – zumindest den Geräuschen nach zu urteilen. GR-ZZZ, GR-ZZZ, machte es.

Im nächsten Moment jedoch nicht mehr. Denn als Zicki und Zacki das Haarknäuel erblickten, quiekten sie panisch: «HILFE, DAS IST JA EIN HUND!»

Mit einem Schlag war das Haarknäuel wach. Kerzengrade schoss es in die Höhe, blickte erschrocken auf die drei Eindringlinge und bellte: «HILFE, DAS IST JA EIN WILDSCHWEIN! Oweia, gleich ZWEI. Und ein ... ähm ... sehr, sehr kleines Pferd. Oh, bist du vielleicht noch ein Welpe?»

«Fohlen», korrigierte Möhre verschnupft, der es überhaupt nicht leiden konnte, wenn man dachte, er sei noch nicht erwachsen. «Und nein, ich bin ein Minipony», erklärte er. «Und die beiden sind keine Wildschweine, sondern Wollschweine. Auch wenn sie grade nicht danach aussehen.»

Er blickte entschuldigend rüber zu Zicki und Zacki. Den beiden standen nämlich vor Schreck die Borsten und Löckchen tatsächlich sprichwörtlich zu Berge, was sogar dem sonst so süß gelockten Zacki ein wildes Aussehen verlieh.

«Uff», machte das Haarknäuel erleichtert. «Vor Wildschweinen hab ich nämlich schreckliche Angst.»

«E-ehrlich?», stotterte Zicki. «Ich glaube, unser Urgroßvater war eines.»

«E-ehrlich?», stotterte nun auch das Haarknäuel und ging ein bisschen in Deckung, was Zicki und Zacki ziemlich zu gefallen schien. Prompt schlotterten ihre krummen Beinchen nicht mehr ganz so arg.

«Ach, daher kommt es», sagte Zacki verwundert zu Zicki, «dass du diese Besen im Gesicht hast, und nicht so süße Löckchen wie der Rest unserer Familie.»

«Grmpf», grunzte Zicki sauer, woraufhin der Hund endgültig in die Ecke der Höhle floh.

«Du bist also unser Dieb», sagte Möhre rasch, ehe der arme Kerl noch in Ohnmacht fiel und er ihn dann nicht mehr befragen konnte. Er musterte den braun gescheckten Hund mit Inspektorblick. «Kein Wunder. Du bist wirklich ganz schön dünn», stellte er fest.

«Na klar. Du bist hungrig!», quiekte Zacki. «Aber ... doch nicht etwa so wie im Märchen, oder?!» Entsetzt riss er die Knopfaugen auf. «Im Märchen wollte der Wolf die drei kleinen Schweinchen ja auch fressen, weil er Hunger hatte.»

«Nur damit du es weißt», grunzte Zicki so wildschweinmäßig, wie er nur konnte. «Wir Wollschweine schmecken gaaanz scheußlich!»

«Totaaal», bestätigte Zacki schnell.

«Wieso sagt ihr das?», nuschelte der Hund verdattert. «Ich würde doch nie ...» Beschämt blickte er zu Boden. «Das Wurstbrot und die anderen Sachen habe ich geklaut, weil ich wirklich so schrecklichen Hunger habe ...

Es tut mir leid. Aber ihr müsst vor mir keine Angst haben.»

«Hast du denn kein Zuhause, wo du gefüttert wirst?», wollte Möhre wissen.

Der braun gescheckte Hund schüttelte den Kopf. «Nicht mehr», gab er zur Antwort. «Mein Besitzer ist letzten Winter gestorben, und mich wollte niemand haben ...» Seine Stimme versagte, und es wurde unerträglich still in der Höhle.

Möhre nickte. Dieser Hund schien einer von der ganz netten Sorte zu sein. Mehr noch, er war sogar richtig niedlich. Mit seinen hübschen Kulleraugen, den lustigen Fliegerohren und dem langhaarigen Schokowuschelfell war er ein absoluter Herzensbrecher. Die Fellfarbe erinnerte Möhre an die Schokokekse, die die vier Apfeltaldetektive in ihrem geheimen Detektivbüro immer so

gern naschten. Und er war sicher, dass Oma Astrid sich im Handumdrehen in das Fellknäuel verlieben würde, schon gar, wenn sie wüsste, dass der arme Kerl ein neues Zuhause brauchte. Wo doch so viel Platz auf dem Pfannkuchenhof war.

Du kannst dir vorstellen, dass Möhre auf einmal einen großen Schrecken bekam. Denn wenn der Hund auf dem Pfannkuchenhof einziehen würde, hätte das dann auch zur Folge gehabt, dass das Hundebett vom

alten Bruno in Zukunft wieder besetzt sein würde. Oma Astrid hatte schließlich ein großes Herz für Tiere – und für streunende Hunde bestimmt auch. Und das war ja alles schön und gut, nur ... wo sollte sich Möhre in Zukunft den Sonntagskrimi anschauen, wenn Brunos Bett nicht mehr seines war?

Nun saß er ganz schön in der Zwickmühle! Der Fall war zwar gelöst, aber niemand durfte etwas davon erfahren. Am wenigsten Oma Astrid. Wenn sie diesen süßen Schokowuschel erst mal zu Gesicht bekam, wäre es aus mit den gemütlichen Krimiabenden. Und aus mit Inspektor Möhre – wo doch die vier Apfeltaldetektive auch keine Zeit mehr für ihn hatten!

Dieser Gedanke war so schrecklich, dass es gleich wieder in seinem Bauch zwackte. Daher sagte Möhre: «Du hast dir dummerweise den falschen Hof zum Futterklauen ausgesucht. Deshalb sind wir auch zu dir gekommen, um dich zu warnen. Unsere Chefin kann Hunde überhaupt nicht leiden.»

«Echt, kann sie nicht?», grunzte Zacki erstaunt.

«Aber Bruno schon», überlegte Zicki laut.

«Wer ist Bruno?», wollte der Schokowuschel wissen.

«Niemand, von dem du wissen müsstest», brummte Möhre grimmig und warf Zicki und Zacki schon wieder einen warnenden Blick zu. Wenn das so weiterging, müsste er sich schleunigst für die beiden auch einen Geheimcode einfallen lassen. Und der wichtigste Punkt auf der Liste wäre: Böser Blick = Rüssel halten!

Zu Möhres Glück waren die beiden Wollschweine aber ohnehin gerade nicht besonders in Plauderlaune. Auch wenn der Schokowuschel noch so niedlich aussah, blieb er eben nun mal ein Hund. Einer, der Hunger hatte, wohlgemerkt!

«Also», sagte Möhre eindringlich. «Ich an deiner Stelle würde ab jetzt einen grooooßen Bogen um den Pfannkuchenhof machen, wenn du nicht willst, dass unsere Chefin dir das Fell über die Ohren zieht. Lauf lieber rüber zum Birnental. Das ist gar nicht weit weg von hier. Dort gibt es eine Menge Bauernhöfe. Vielleicht kann ja da jemand einen Hund wie dich gebrauchen?!»

«Okay», murmelte der Schokowuschel. «Danke für den Tipp! Auch wenn euer Hof echt nett aussieht. Und eure Chefin auch ...»

«Na ja», log Möhre, dass sich die Balken bogen. «Bei

uns ist sie das auch. Aber bei Hunden sieht die Sache ganz anders aus. Also dann …»

Möhre schob die beiden Wollschweine vor sich her, und gemeinsam verließen sie schnell die Höhle. Der streunende Hund tat ihm nämlich schon sehr leid. So hungrig und einsam, wie er war. Andererseits war es nicht gelogen, dass es im Birnental eine Menge Bauernhöfe gab. Mit ein bisschen Glück würde der Schokowuschel dort ein neues Zuhause finden, und dann wäre alles wieder so wie vorher.

Okay, nicht ganz. Denn als Möhre, Zicki und Zacki den Hof erreichten, war es schon Abend geworden, aber es lag wieder keine Gute-Nacht-Möhre in seinem Futtertrog. Seufzend knabberte Möhre stattdessen an dem Heu, das Oma Astrid ihm gebracht hatte.

Was für ein merkwürdiger Tag das doch gewesen war, dachte Möhre, als er es sich in seiner Box gemütlich machte. Doch kaum hatte er die Miniponyaugen geschlossen, kam jemand in seine Box geschlichen. Im ersten Moment dachte Möhre, es wäre Greta, die ihn

doch nicht vergessen hatte. Aber als er die Augen öffnete, stellte er fest, dass es bloß Zicki und Zacki waren.

«Was ist denn noch?», fragte er schläfrig.

«Wir haben nachgedacht», murmelte Zicki leise, um die anderen Ponys nicht zu wecken.

«Es war sehr nett von dir, heute zu flunkern», flüsterte Zacki. «Wo du genau weißt, dass wir keine Hunde mögen.»

«Ihr glaubt, das habe ich für euch getan?», raunte Möhre erstaunt.

«Hast du nicht?», grunzte Zicki.

«Na ja», murmelte Möhre und gab zu, dass er es hauptsächlich für sich selbst getan hatte. «Aber es ist ja gut für uns alle», fügte er hastig hinzu, als er die grübelnden Gesichter der beiden Wollschweine im Mondlicht bemerkte.

«Und warum fühlt es sich dann nicht gut an?», murmelte Zicki.

«Wir können deswegen überhaupt nicht schlafen, weil wir immer an den armen Schokowuschel denken müssen», erklärte Zacki. «In der Höhle war es sooo gruselig, und er ist ganz allein.»

«Er tut euch leid?» Erstaunt sah Möhre seine Freunde an. «Obwohl er ein Hund ist?»

«Vielleicht sind ja nicht alle Hunde böse», murmelte

Zicki, und Zacki nickte zustimmend. «Der alte Bruno war ja auch ganz in Ordnung. Wir sollten dem armen Kerl die Wahrheit sagen. Also, dass Oma Astrid Hunde doch sehr mag ...»

Na toll, dachte Möhre. Jetzt fühlte er sich prompt noch schlechter. Die beiden hatten völlig recht. Sein Verhalten dem streunenden Wollknäuel gegenüber war wirklich hundsgemein gewesen. Aber wenn Möhre das zugab, würde er in Zukunft auf sein Hundebett verzichten müssen, so viel war klar! Deshalb sagte er: «Macht euch keine Sorgen! Bestimmt ist er längst im Birnental und hat dort ein tolles Zuhause gefunden. Wir können demnächst ja mal in der Höhle nachsehen, ob er dann noch da ist. Jetzt schlaft gut, es ist schon spät.»

Das schien die beiden zu beruhigen, und leise tippelten sie davon.

Ach, dachte Möhre, als es wieder still im Stall geworden war. Hätte er sich doch nie auf die Suche nach dem Futterdieb gemacht. Dann wäre er erst gar nicht in diese Zwickmühle geraten. Vielleicht sollte er das Detektivsein für die nächste Zeit besser mal bleiben lassen und seine neugierigen Nüstern nicht ständig in Angelegenheiten ste-

cken, die ihn im Grunde nichts angingen. Sonst kam bloß wieder ein Theater heraus, das niemand brauchte. Nur ... was sollte er stattdessen den lieben langen Tag machen? Fürs Abenteuerreiten war er einfach zu klein, und sonst passierte ja nicht viel im Apfeltal.

Aber dann fiel ihm etwas ein! Da war ja wirklich noch ein Theater. Nämlich das Theater der Kinder, und mit einem Mal fand Möhre es doch ganz spannend. Vor allem, weil er dann nicht mehr an den Schokowuschel zu denken brauchte, wenn er sich stattdessen fürs Theater interessierte. Außerdem wäre er auch wieder mit Greta und den anderen zusammen. Und nur deswegen war Möhre ja überhaupt in dieses Schlamassel geraten! Wer war schon gern allein? Er jedenfalls nicht. Und so beschloss er, ab jetzt diese Theatersache zu mögen.

Vorhang auf, doch vorher wird Möhre noch ein König

Auch wenn Möhre das Inspektorsein für eine Weile an den Nagel hängen wollte, war es gut, dass er weiterhin seine Spürnase besaß. Denn so fand er schnell heraus, dass diese Theatersache tatsächlich ziemlich spannend war. Und so passierte es, dass er den Schokowuschel wirklich für eine Weile vergaß. Nicht nur, weil kein Futter mehr vom Hof verschwand, sondern auch, weil es am nächsten Morgen bereits mit dem Theater losging.

Alle Kinder aus Frau Pettersens Klasse kamen auf den Pfannkuchenhof. Auch Frau Pettersen natürlich, und gemeinsam brachten sie zuallererst die Scheune auf Vordermann. Spinnweben wurden hinausgekehrt und Staub gewischt. Und

viele, viele Heuballen umgeschichtet. Nur eine Ecke im Heulager sollte unberührt bleiben.

«Diese Heuwand ist wie gemacht für das Plakat als Hintergrund!», erklärte Greta. «Ihr wisst schon, die große Leinwand mit der Burg drauf, die wir bei Jaspers Eltern bei den Theatersachen gefunden haben!»

Ja, da hatte Greta schon recht. Die Leinwand passte dort tatsächlich gut als Hintergrund hin. Das Theaterstück spielte schließlich auch im Mittelalter. Aber um ehrlich zu sein, war das nur die halbe Wahrheit. In Wirklichkeit war es vielmehr so, dass sich in der besagten Ecke, also hinter der Heuwand, das geheime Detektivbüro der Apfeltaldetektive befand. Hätte jemand dort die Wand aus Heuballen weggeräumt, wäre ihr Geheimnis im Nullkommanix aufgeflogen. Gretas Vorschlag, diese Stelle für die Burgleinwand zu nutzen, funktionierte jedoch prächtig. Die Scheune war ja groß genug, und in wenigen Stunden wurde daraus die perfekte Theaterbühne.

Und dann begannen die Proben! Jedes Kind hatte schon vorher in der Schule eine Rolle zugeteilt bekommen. Greta durfte die Königin sein und Timo der König. Wolke spielte einen verwunschenen Baum, genauso wie Marie und Konstantin. Japser bildete mit Paul und Leon eine wilde Räuberbande aus dem Zauberwald. Dann gab es noch etliche Ritter, Burgfräulein und sogar eine Hexe. Die Hauptrolle aber hatte Hennes ergattert. Er spielte jenen Ritter, dem niemand Beachtung schenkte, weil er ein viel zu gutes Herz hatte. Kämpfen und Hauen fand er nämlich gar nicht edelmütig. Dummerweise war das auf der Burg zu dieser Zeit jedoch sehr angesagt. Als sich der Ritter dennoch weigerte, beim Kämpfen und Hauen mitzumachen, nahm ihn keiner mehr ernst, und die anderen beachteten ihn nicht mehr. Daher hieß das Stück: *Der unsichtbare Ritter*. Eines Tages jedoch passierte etwas auf der Burg, und ausgerechnet der unsichtbare Ritter mit seinem guten Herzen konnte helfen, sodass er am Schluss nicht mehr unsichtbar war und alles gut ausging.

Und Möhre entdeckte, wie fesselnd so ein Theater war! Er konnte sich gar nicht sattsehen. Es war ein bisschen so wie Fernsehen, nur viel toller.

Das fanden auch die anderen Hofbewohner. Miss

Mäusefänger kam zum Zugucken, genauso wie die Hühner und die Ponys. Nur Zicki und Zacki ließen sich merkwürdigerweise kaum in der Scheune blicken. Und wenn doch, wirkten sie noch schusseliger als sonst. Obendrein waren sie auch nicht mehr so wuzzelig, und das bereitete Möhre ernsthaft Sorgen. Zicki und Zacki

waren bisher nämlich immer wuzzelig gewesen. Also kugelrund und quiekfidel. Was war denn da los?

Als er die beiden danach fragte, grunzten sie: «Wir interessieren uns einfach nicht für diese Sauspielerei, das ist alles.» Und schon zockelten sie wieder davon.

Merkwürdig, dachte Möhre, als er den beiden hinterherblickte. Irgendetwas stimmte nicht mit ihnen, und sonst wäre er der Sache auch augenblicklich auf den Grund gegangen. Jetzt hingegen beließ er es dabei. Er hatte das Detektivsein ja für eine Weile an den Nagel hängen wollen, und das tat er nun auch.

Dir jedoch ist mit Sicherheit nicht entgangen, dass bei all dem Trubel noch jemand beim Zugucken in der Scheune fehlte. Genau – nämlich Oma Astrid! Sie hätte sich die Proben ja gerne angesehen, aber sie hatte von

den Kindern doch glatt Scheunenverbot bekommen, damit die Aufführung für sie eine Überraschung blieb. Und das würde sie auch garantiert werden, da bin ich ganz sicher!

Denn als einmal bei einer Probe ein paar Ritter auf ihren Steckenpferden über die Bühne düsten, schnaubte Donni verdutzt: «Wieso hüpfen die denn immer mit diesen Holzstangen herum?»

«Weil das Steckenpferde sind», erklärte Möhre hastig. Er wollte schließlich kein Wort der Kinder verpassen, wo es doch gerade so spannend war.

«Steckenpferde? Was soll das sein?», fragte Donni neugierig.

Rasch erklärte es Möhre ihm, in der Hoffnung, dass Donni dann Ruhe gab. Doch weit gefehlt.

Denn als der ach so edle Lord Donnerheim verstand, wofür Steckenpferde da waren – nämlich um echte Pferde zu ersetzen –, riss er seinen lackschwarzen Kopf in die Höhe und wieherte theatralisch: «Aber das kann *ich* doch viel besser!»

Und schon sprang er mitten ins Geschehen und trabte stolz neben den Rittern her.

«Nanu», lachte Frau Pettersen. «Dieses Pony will wohl auch mitmachen. Moment mal, ich glaube, ich habe eine Idee. Ihr könnt doch alle reiten, oder nicht?»

«Ja, schon», antwortete Hennes. «Die meisten von uns haben es von Oma Astrid beim Abenteuerreiten gelernt.»

«Wollen Sie etwa die Steckenpferde gegen Ponys eintauschen?», kicherte Königin Greta von ihrem Thron.

Die Lehrerin nickte. «Wieso nicht? Platz genug ist in der Scheune, und außerdem sind die Ponys sowieso immer da.» Sie deutete zum Scheunentor, wo Elsbeth, Rocky, Winnetou und die anderen Ponys neugierig ihre Köpfe reinsteckten. Und dann zeigte sie auf Donni, der immer noch vornehm trabte, als ginge es um Leben oder Tod. «Ich glaube, dieses Pony hier will unbedingt mit-

machen. Außerdem wäre das eine richtige Attraktion: ein Theater mit echten Ponys in einer echten Scheune! Die Leute werden in Scharen kommen, und das bedeutet, dass wir genügend Geld zusammenkriegen werden, um den Bus umbauen zu können. Also, was sagt ihr? Seid ihr dabei?»

«Wenn Oma Astrid damit einverstanden ist», meinte Wolke, die als verwunschener Baum in einer Ecke stand.

Du kannst dir denken, dass Oma Astrid natürlich nichts dagegen einzuwenden hatte. So war es ja mit den meisten Dingen, die gut für Kinder und gut für Ponys waren!

Und so wurden in den nächsten Tagen nicht nur Texte auswendig gelernt und Tanzschritte einstudiert, sondern auch mit den Ponys zusammen geübt. Schließlich sollten sie unerschrockene Ritterpferde sein, und das klappte im Großen und Ganzen wunderbar. Sogar Elsbeth schwang ausnahmsweise die Hufe.

Und je näher der große Tag rückte, umso größer wurde die Aufregung. Sogar Möhre spürte sie, auch wenn er keine Aufgabe im Theaterstück hatte. Er war nun mal zu klein, um als Ritterpferd herzuhalten. Und genau diese Tatsache fand Donni herrlich. Ohnehin überschlug er sich fast vor Angeberei. Frau Pettersen hatte nämlich darauf bestanden, dass Hennes das schwarze Pony reiten sollte.

«Es sieht so edel aus», hatte sie geschwärmt. «Und du hast die Hauptrolle, da passt ein so schönes Pony gut.»

Auch wenn Donni im Gegensatz zu Möhre kein Wort davon verstanden hatte, kapierte er sehr wohl, dass Frau Pettersen ihn besonders toll fand. Deshalb plusterte er sich bei jeder Gelegenheit auf, wenn er Möhre über den Weg lief, und sagte gemeine Dinge wie: «He, Möhre! Vielleicht suchen sie für den Zauberwald noch einen Zwerg!» Oder: «Gab es früher auf den Burgen nicht immer einen sturen Esel? Den könntest du übernehmen, Möhrchen!»

Oh, am liebsten hätte Möhre dem ollen Lord einen Tritt verpasst. Aber das würde die Sache nur noch schlimmer machen. Also begnügte er sich damit, weiterhin zuzugucken und mit Greta den Text zu pauken. Sie wusste ja, dass er jedes Wort verstand. Und wenn sie nun abends wieder zu ihm kam, um Gute Nacht zu sagen, spielten sie oft noch einmal ihre Rolle durch, wobei Möhre den Part des Königs übernahm. Was nicht schwer war, denn der König musste bloß ab und zu nicken oder streng dreingucken, mehr nicht. Als Dank bekam Möhre dann sogar zwei Gute-Nacht-Möhren dafür. Die mampfte er immer genüsslich vor Donnis Augen. Dass er dem ollen Lord nichts davon abgab, muss ich jetzt wohl gar nicht groß erwähnen. Das hast du mit Sicherheit längst selbst herausgefunden, nicht wahr?

Ja, und dann war er tatsächlich da, der große Tag! Schon den ganzen Morgen ging es auf dem Pfannkuchenhof drunter und drüber. Oma Astrid backte bergeweise Apfelkuchen für die Gäste. Gretas Papa stellte Schilder auf, die zeigten, wo man parken konnte, und Jaspers Eltern halfen bei der Generalprobe.

«Wisst ihr», sagte Jaspers Papa, als die Kinder aufgeregt in ihre Kostüme schlüpften. «Wenn bei der Generalprobe etwas schiefläuft, bringt das Glück für die Premierenaufführung. Also, keine Panik!»

«Auch, wenn der König nicht da ist?», wollte Greta wissen. Sie hatte längst ihr Kleid an und die Krone auf dem Kopf. Doch von Timo fehlte jede Spur.

«Vielleicht hat er ja verschlafen?», überlegte Hennes in seiner Ritterrüstung, doch im nächsten Moment kam Frau Pettersen mit glühenden Wangen in die Scheune gestürmt und stöhnte: «Timo ist krank geworden. Jetzt haben wir keinen König!» Ratlos blickte sie in die Runde.

«Na, wenigstens bringt das Glück», feixte Jasper, der mit dem Stirnband irgendwie ganz anders aussah. Sonst hatte er ja immer sein heiß geliebtes Captain-Muffi-

Käppi auf. «Mehr kann bei einer Generalprobe gar nicht schiefgehen.»

«Und jetzt?», wollte Wolke wissen und wackelte mit ihren Astarmen.

Die Lehrerin zuckte mit den Schultern. «Auch wenn der König kaum Text hat, können wir ihn nicht so leicht ersetzen. Ihr habt ja schon alle eine Rolle ...»

«Es sei denn», überlegte Greta. «Jemand anders spielt den König. Also kein Kind. Möhre könnte das machen! Er hat mit mir den Text geübt und weiß daher genau, was zu tun ist.»

«Das kann er?» Die Lehrerin warf Möhre einen erstaunten Blick zu.

«Und noch viel mehr», kicherte Wolke leise, während Jasper und Hennes schmunzelten.

Auch Greta grinste. Dann jedoch spürte sie die neugierigen Blicke der anderen, und hastig erklärte sie: «Na ja, er versteht den Text natürlich nicht wirklich. Er weiß nur, wann er nicken muss und wann nicht, weil ich ihm das beigebracht habe, wie bei einem Zirkustrick.»

«Ach so», murmelten die Kinder, und auch Frau Pettersen nickte.

Rasch ging Greta daraufhin zu Möhre. «Würdest du denn den König für uns spielen?», flüsterte sie ihm heimlich ins Ohr.

Als Möhre als Antwort nickte und Greta wie selbstverständlich auf die Bühne folgte, jubelten die Kinder. «Hurra! Lang lebe König Möhre!», riefen sie. Übermütig setzten sie ihm die Krone auf und warfen Timos blauen Königsumhang über seinen Rücken.

«Wie jetzt?», blinzelte Donni verdutzt, als er begriff, was das alles zu bedeuten hatte. «Du bist jetzt der König?»

«Jawohl», antwortete Möhre in vornehmen Ton. «Und deshalb bin ich jetzt auch der Bestimmer!»

Als Donni daraufhin ein Gesicht machte, als würde er gleich zu Salami verarbeitet werden, lachte Möhre wiehernd auf. Oh, wie toll doch so ein Theater war!

Die Klassenkasse klingelt, und das freut nicht nur die Kinder

«Habt ihr gesehen, wie viele gekommen sind?»

Aufgeregt lugte Greta durch einen kleinen Spalt im Vorhang, den sie nachmittags noch schnell angebracht hatten. Vielleicht hast du den Vorhang ja schon in Oma Astrids Wohnzimmer gesehen, denn dort hing er sonst nämlich! Aber sie war so nett gewesen, der Klasse den Vorhang für die Aufführung zu leihen.

«Heiliger Apfelkuchen, die Hütte ist brechend voll!», schnaufte Hennes, der sich neben Greta geschoben hatte und interessiert durch den Spalt guckte.

«Sagt das nicht», wimmerte Wolke unter ihrem Baumkostüm. «Ich hab auch so schon Lampenfieber!»

Marie neben ihr sah ebenfalls käsig aus. Nur der dritte verwunschene Baum aus dem Zauberwald grinste. «Macht euch nicht in die Rinde. Wir sind bloß Bäume!», meinte Konstantin.

«Ja, vor hundert Menschen», stöhnte Wolke, und dabei

zitterten ihre Blätter wie Espenlaub. Schnell gab Möhre ihr deshalb einen aufmunternden Nüsternstups.

«Siehst du», kicherte Greta. «Auch Möhre meint, dass alles gut werden wird.»

«Wird es das wirklich?», sagte Marie mit einem Mal so verzweifelt, dass sich die Kinder besorgt ansahen. Marie war schon immer die Schüchternste von ihnen gewesen. In der Klasse war sie oft leise wie ein Mäuschen, sodass man gar nicht mitbekam, dass sie überhaupt da war. Kein Wunder, dass ihr die vielen Leute Angst einjagten.

«Natürlich», sagte Greta. «Sieh es mal so. Wenn viele Zuschauer da sind, wird die Klassenkasse klingeln.»

«Dann werden wir Hunderte von Euros einnehmen», prophezeite Hennes.

«Und können endlich ins Dinotal fahren», sagte Konstantin. «Von mir aus kann die Show also losgehen.»

Und wirklich kam Frau Pettersen im nächsten Moment um die Ecke und sagte: «Alle auf eure Plätze! Jaspers Eltern haben sich schon an ihre Instrumente gesetzt.

Wenn sie zu
spielen beginnen, ziehe ich den Vorhang hoch. Du weißt, was zu tun ist, Greta?»

Greta, die Königin, nickte. «Und wegen Möhre machen Sie sich keine Sorgen. Der ist ein Vollprofi!»

Frau Pettersen lächelte nervös. «Na dann: Toi, toi, toi euch allen», sagte sie.

Und im nächsten Moment hörten sie auch schon, wie hinter dem Vorhang eine Harfe zu erklingen begann und dazu eine Flöte eine Melodie spielte.

«Wie schön», hauchte Wolke überrascht, die von der mittelalterlichen Musik regelrecht verzaubert war. «Toll, dass Jaspers Eltern so viele Instrumente spielen können.»

«Das sagst du nur, weil du nicht mit ihnen unter einem Dach leben musst», tönte es prompt aus der Räuberhöhle, wo Jasper, Paul und Leon schon in Position hockten. «Wenn du sonntagmorgens immer von einer trötigen Posaune geweckt wirst, würdest du anders darüber denken.»

Alle lachten, sogar Marie. Und das war gut, denn so verpuffte die Aufregung für einen Moment, den die Lehrerin prompt nutzte.

«Pst», machte sie. «Auch in der Räuberhöhle, jetzt geht es los!» Und schwungvoll zog sie den Vorhang auf. Augenblicklich verstummte das Gemurmel auf der Bühne und ebenso in den Zuschauerreihen. Gleichzeitig begann sich eine besondere Stimmung in der Scheune auszubreiten. Es war, als würde man ein Buch aufschlagen, das voller geheimer Geschich-

ten war und nur darauf wartete, entdeckt zu werden. Vor den Scheunenfenstern hatte sich der Abend ausgebreitet, als wollte er ebenso zugucken, und innen drin war die Bühne festlich beleuchtet. Möhre wurde ganz kribbelig von allem, und wie es schien, ging es auch Greta so. Denn sie sah nun wirklich wie eine richtige Königin aus, als sie majestätisch mit Möhre in die Mitte der Bühne schritt.

«Willkommen auf Burg Apfelbutzen», begann sie. «Ich bin die Königin, und das ist mein Gemahl, der König.» Greta deutete auf Möhre, und jetzt musste Möhre königlich schnauben, was er auch tat, woraufhin man in den Zuschauerreihen ein erstauntes *Oh* vernahm. Das gefiel Möhre. Bisher hatten sie ja ohne Publikum geprobt. Somit war da nie jemand gewesen, der *Oh*

sagte oder *Ah* und an den richtigen Stellen lachte oder klatschte. Jetzt hingegen schon, und dadurch kam Möhre erst richtig in Fahrt. Es gefiel ihm, das Publikum zu unterhalten. Er tippelte wie ein König. Er nickte wie ein König, und einmal, da verbeugte er sich vornehm vor seiner Königin und grinste sie so neckisch an, dass die Leute auf den Heuballen sich bogen vor Lachen.

Aber nicht nur Möhre liebte das Rampenlicht. Donni warf die Hufe noch höher als sonst, als er mit Hennes über die Bühne trabte, und Möhre musste zugeben, dass Lord Donnerheim seine Sache als eindrucksvolles Ritterross richtig gut machte. Aber das würde er dem aufgeblasenen Gockel natürlich niemals auf die Nüstern binden. Donni war auch so schon eingebildet genug.

Und ich muss dir sagen, dass nicht nur die Ponys ihre Sache herrlich machten, sondern natürlich auch die Kinder fantastisch spielten. Keines von ihnen vergaß seinen Text, und wenn doch, fiel es gar nicht weiter auf, weil sie einfach ganz cool blieben und weiterspielten. Sogar Marie!

Aber das Schönste jedoch war, Oma Astrids strahlendes Gesicht im Publikum zu sehen. Einmal rann ihr sogar eine klitzekleine Träne der Rührung über die Wangen, so stolz war sie. Auf die Ponys und auf die Kinder.

Zum Schluss gab es tosenden Applaus für alle. Lange wollten die Leute gar nicht aufhören zu klatschen.

Als der Vorhang endgültig fiel, strahlten sich alle glücklich an.

«Ihr habt es geschafft», jubelte Frau Pettersen.

«*Wir* haben es geschafft», korrigierte Wolke und schälte sich aus dem Baumkostüm. «Sie auch! Denn es war ja Ihre Idee, ein Theaterstück aufzuführen.»

«Was aber nur mit so tollen Kindern, wie ihr es seid, möglich ist», sagte die Lehrerin gerührt. «Und natürlich nur mit so extratollen Ponys», fügte sie lachend hinzu. «Deshalb habe ich auch etwas für sie.» Sie kramte in ihrer Lehrertasche und zog glatt einen Bund Möhren

heraus. Als Möhre ihn sah, wurde ihm ganz warm ums Ponyherz. Auch Donni, Elsbeth, Rocky und die anderen Ponys schnaubten vor Entzücken.

«Gar nicht so übel, diese Kinder-Chefin», schmatzte Donni, als Frau Pettersen ihm eine Möhre ins Maul schob.

Ja, das fand auch Möhre. Frau Pettersen war wirklich schwer in Ordnung.

«Für euch gibt es natürlich auch eine Stärkung», sagte

die Lehrerin jetzt zu den Kindern. «Oma Astrid hat draußen vor der Scheune Apfelkuchen bereitgestellt. Geht doch schon mal vor. Ich bringe nur noch schnell die Klassenkasse in Sicherheit. Immerhin ist da ein Haufen Geld drin.»

«Wie viel denn?», platzte Hennes neugierig heraus.

«Wird es reichen?», wollte Jasper wissen.

Lächelnd wog die Lehrerin die Klassenkasse in der Hand wie einen großen Goldklumpen. «Morgen zählen wir das Geld gemeinsam. Aber ich glaube, es sind über tausend Euro.»

«Tausend Euro?», hauchte Marie, und ihre sonst so schüchternen Augen begannen zu glänzen.

Die Lehrerin nickte stolz. «Genug Geld also, um den Bus umzubauen und ins Dinotal zu fahren.»

Dann ging Frau Pettersen mit der Kasse davon, um das Geld in der Schule zu verwahren.

Greta, Wolke, Hennes und Jasper hingegen liefen hinaus auf den Hof,

wo sich die Besucher längst um Oma Astrids Apfelkuchen scharten. Auch die anderen Kinder aus der Klasse kamen mit. Und natürlich auch Möhre sowie alle Ponys. Und dann feierten sie alle zusammen lange, lange diesen großartigen Erfolg.

Und wenn du dich jetzt darüber wunderst, wieso auch die Ponys mitfeierten, dann lass dir gesagt sein, dass du damit nicht allein bist. Auch andere Besucher staunten nicht schlecht, als sich Möhre, Donni, Winnetou, Elsbeth und Rocky wie selbstverständlich unter die Partygäste mischten.

Am meisten aber staunte der Bürgermeister aus Bad Wilbek.

«Großartig», sagte er. «So ein Theater brauchen wir auch bei uns in der Stadt. Meinen Sie, Ihre Gruppe könnte es bei uns im Kurpark aufführen? Ich bin mir sicher, dass es bei unseren Kurgästen besonders gut ankommen würde. Das war ja fernsehreif, was die Kinder mit den Ponys heute gezeigt haben!»

«Na ja», sagte die Lehrerin. «Nach Bad Wilbek ist es mit den Kindern und all den Ponys schon ein weiter Weg. Aber vielleicht fragen Sie mal in der städtischen Grundschule? Ich bin mir sicher, dass sich eine Klasse findet, die Lust darauf hätte, ein Theaterstück einzustudieren.»

«Das mag schon sein», stimmte der Bürgermeister ihr zu, ehe er sich ein großes Stück Apfelkuchen in den Mund schob. «So etwas wie bei Ihnen, das funktioniert vermutlich ohnehin nur auf dem Land.»

Ja, da hatte der Bürgermeister schon recht, muss ich zugeben. So etwas gab es wirklich nur im Apfeltal, und ganz besonders auf dem Pfannkuchenhof. Der war und blieb nun mal einmalig, aber das weißt du inzwischen längst selber.

Oh Schreck, das Geld ist weg!

Für gewöhnlich gingen die Kinder aus dem Apfeltal gerne in die Schule. Trotzdem kam es nicht oft vor, dass sie schon alle auf ihren Plätzen saßen, wenn Frau Pettersen morgens das Klassenzimmer betrat. Heute war das aber so. Nur einer fehlte, und das war Timo, aber der lag ja krank im Bett.

«Nanu!», rief die Lehrerin verdutzt, als sie ihre Lehrertasche neben dem Pult abstellte und sich aus der Jacke schälte. «Ihr seid ja schon alle da! Ich dachte, die Hälfte von euch verschläft bestimmt, wo es gestern so spät geworden ist.»

Das stimmte. Nach der Theateraufführung wurde auf dem Pfannkuchenhof noch lange gefeiert. Der Abend war einfach zu herrlich gewesen, und Apfelkuchen war auch genügend da.

«Wir wollen ganz schnell wissen, wie viel

Geld zusammengekommen ist», erklärte Greta und rutschte aufgeregt auf ihrem Stuhl herum.

«Und ob es auch genug ist», fügte Wolke hinzu.

«Genau», riefen die anderen durcheinander.

An diesem Morgen waren übrigens nicht nur alle Kinder längst an Ort und Stelle. Auch Möhre klebte an der Fensterscheibe, um ja nichts zu verpassen. Zum Glück war Frau Pettersen daran gewöhnt, dass er ständig hereinguckte, und sie hatte nichts dagegen.

«Dann hole ich die Kasse mal», sagte sie schmunzelnd, weil sie die Kinder nicht länger schmoren lassen wollte. Außerdem war sie selbst ganz schön neugierig darauf zu erfahren, wie viel sie nun wirklich eingenommen hatten. Mit schnellen Schritten ging sie in den hinteren Teil der Klasse. Dorthin, wo das Sofa stand und auch die Bücherregale. Und ihre heiß geliebten Blumentöpfe, in denen Frau Pettersen lauter Unkraut zog, wie Brennnessel und Ackerschachtelhalm. Die fand sie nämlich bei Weitem spannender als Veilchen und Rosen. «So eine Brennnessel», hatte sie den Kindern im Naturkundeunterricht erklärt, «ist nicht nur nützlich für viele Insekten. Sie ist auch sehr gesund. Man kann sie essen, allerdings muss man aufpassen, wenn man sie anfasst. Wie der Name es verrät, nesselt sie, und man hat im Nu schmerzende Quaddeln an den Händen.»

Und dann hob Frau Pettersen den Topf mit der Brennnessel hoch. Darunter kam ein größerer zum Vorschein. Möhre kroch vor Spannung fast durchs Fenster, als er beobachtete, wie Frau Pettersen in den größeren Topf hineingriff und dann ein Gesicht machte, als hätte sie sich soeben selbst an der Brennnessel genesselt.

Doch das war gar nicht der Fall. Frau Pettersen wusste nämlich nur zu gut, wie man die Brennnessel samt Topf anfassen musste, ohne sich dabei die Finger zu verbrennen. «Wo ist sie hin?», murmelte sie.

Abermals guckte die Lehrerin suchend in den großen Übertopf.

Mit seinem scharfsinnigen Detektivverstand schloss Möhre, dass die Lehrerin in dem Topf etwas versteckt

hatte und dieses Etwas jetzt anscheinend verschwunden war …

Und dann erschrak er – es war nicht etwa das Geld?

Da fragte Frau Pettersen auch schon: «War jemand von euch an den Unkrauttöpfen?»

Die Kinder schüttelten die Köpfe. «Nö, wieso?»

«Weil das Geld weg ist», rief die Lehrerin nun fassungslos. «Dabei habe ich die Klassenkasse gestern nach dem Theater extra hier versteckt. Unter der Brennnessel. Wer soll da bitte schön hingehen und das Geld stehlen?»

«Wie?», fragte Jasper ungläubig. «Es ist weg? Alles?»

Die Lehrerin nickte bestürzt. «Die ganzen Einnahmen … ich versteh das nicht … wer tut denn so etwas?»

«Jemand, der Kohle braucht», knurrte Hennes mit Grabesstimme und sah Greta, Wolke und Jasper vielsagend an. «Wir haben es hier mit einem dreisten Dieb zu tun.»

«Manno», rief Konstantin. «Wie sollen wir den jemals finden! Gestern waren eine Million Leute da …»

«Oder es ist derselbe, der letztens mein Wurstbrot geklaut hat», überlegte Paul. «Und hat Oma Astrid nicht auch erzählt, dass jemand ein Stück von ihrem Apfelkuchen stibitzt hat?!»

Die Lehrerin seufzte. «Ich gebe es ja nur ungern zu, aber es muss vermutlich wirklich jemand sein, der sich im Apfeltal auskennt. Denn die Schule war gestern verschlossen, nur der Hintereingang nicht.»

«Aber der ist doch so gut wie nie zugesperrt», meinte Wolke und begriff im nächsten Moment, was ihre Lehrerin damit andeuten wollte. Den Hintereingang benutzten nämlich alle, wenn sie im Sportunterricht auf die Wallewiesen gingen. Oder in die Hoppeheide. Dann mussten sie nicht zuerst über den Dorfplatz und die ganze Apfelallee entlang, sondern konnten gleich direkt losmarschieren, weil die Wallewiesen beinahe an die Rückseite der Schule angrenzten. Dieser Eingang wurde somit nur von den Schülern genutzt, und natürlich auch von den Lehrern. Sonst wusste kaum jemand von der stets offenen Hintertür der Schule. Schon gar nicht irgendwelche Theaterzuschauer, die sich für gewöhnlich nicht ins Apfeltal verirrten.

«Das heißt ja, dass es jemand von uns gewesen sein muss?!» Ungläubig blickte Wolke in die Runde.

«Zumindest jemand aus dem Apfeltal», ergänzte Jasper und seufzte unter seinem Captain-Muffi-Käppi. Daraufhin wurde es so leise in der Klasse, dass Möhre glatt die Schuluhr ticken hörte.

Tick-tack, machte sie, während die Kinder begannen, sich misstrauisch zu beäugen. Möhre konnte ihre Gedanken beinahe hören, so offensichtlich war es, was sie gerade dachten.

Warst du es? Oder du? Oder vielleicht du?

«Oje», schnaubte er. «Das ist gar nicht gut.»

Auch Frau Pettersen schien das zu denken. Denn sie sagte hastig: «Bis jetzt wissen wir bloß, dass das Geld verschwunden ist. Und wer weiß, vielleicht taucht es ja wieder auf.» Sie blickte die Kinder aufmunternd an. «Manchmal trifft man eben falsche Entscheidungen. Doch es ist nie zu spät, es zu ändern. Darauf vertraue ich! Und jetzt gehen wir erst mal alle rüber zu Oma Astrid und helfen ihr beim Aufräumen, in Ordnung?!»

Nur widerwillig folgten die Kinder der Lehrerin. Alle guckten mürrisch, und keiner sagte etwas. So still und leise hatte man die Klasse vorher noch nie gesehen, wie sie da alle so über den Dorfplatz trotteten.

Irgendwann brach dann doch eines der Kinder das Schweigen. «Ich sag's euch, wenn ich den erwische, der das gemacht hat!», zischte Leon und sprach aus, was sich die anderen ebenso dachten. «Der kann was erleben!»

«Vielleicht war es ja Timo», überlegte Paul. «In Wirklichkeit ist er gar nicht krank, sondern hat nur so getan, damit er in Ruhe das Geld mopsen konnte.»

«Mann, ihr seid aber gemein!» Wütend schüttelte Konstantin den Kopf. «Vielleicht seid ihr es ja selber gewesen.»

«Sag mal, hast du sie noch alle?», rief Leon wütend, und wären Greta und Wolke nicht zufälligerweise neben den Jungs gegangen, hätten sich die drei Streithähne auf dem Dorfplatz mit Sicherheit gleich gekloppt.

«Reißt euch zusammen», schimpfte Greta stattdessen. «Frau Pettersen hat auch so schon genug um die Ohren.

Seht ihr nicht, wie traurig sie aussieht? Das Letzte, das sie jetzt braucht, ist, dass ihr euch die Nasen blutig schlagt.»

Das half, und murrend stiefelten die drei Jungs davon.

«Schrecklich ist das», stöhnte Wolke, als sie außer

Hörweite waren. «Vor allem, weil sie ja recht haben. Das war nämlich wohl wirklich jemand von uns. Sonst weiß ja keiner von den Unkrauttöpfen in unserer Klasse. Ich habe vorhin gehört, wie Frau Pettersen deshalb mit der Schuldirektorin darüber gesprochen hat. Sie hofft, dass der Dieb die Klassenkasse wieder zurückgibt. Deshalb will sie auch noch nicht gleich die Polizei einschalten.»

«Ehrlich? Die Polizei?», wiederholte Greta halb erschrocken, halb abenteuerlustig. Die Polizei war schließlich noch nie im Apfeltal gewesen, und als Detektivin fand man so einen echten Polizeieinsatz natürlich schon spannend.

Marie hingegen

fand das alles bloß erschreckend. Vor lauter Aufregung rieb sie krampfhaft ihre Hände gegeneinander, dass die schon ganz rot waren, und kämpfte mühsam mit den Tränen.

«Du kannst doch nichts dafür», versuchte Greta ihre Mitschülerin zu beruhigen.

Wolke seufzte. «Kein Wunder, dass dir das Angst macht», sagte sie mitfühlend. «Es ist ja nicht nur, dass wir uns jetzt alle gegenseitig verdächtigen. Jemand wird obendrein mächtig Ärger kriegen, wenn die Polizei erst mal da ist.»

«Na ja, daran ist der Dieb aber schon selber schuld», meinte Greta. «Wieso klaut er auch einen Haufen Geld! Und nur damit du's weißt: Ich verdächtige dich nicht. Für was solltest du auch so viel Geld brauchen?» Sie grinste ihre beste Freundin an. «Höchstens für deine heiß geliebten Bücher. Aber die kannst du in der Bücherei zum Glück umsonst ausleihen.»

«Und du hast auf dem Pfannkuchenhof genügend Ponys um dich herum», konterte Wolke lachend. «Wir zwei sind es also schon mal nicht gewesen. Und du bestimmt auch nicht, Marie.» Sie stupste ihre schüchterne

Mitschülerin aufmunternd an. «Wir werden den Dieb schon finden.»

«Und ich weiß auch schon, wie», murmelte Greta und warf ihrer besten Freundin einen vielsagenden Blick zu. Glücklicherweise gab es im Apfeltal nämlich genau für solche Fälle ein ziemlich cooles Detektivbüro.

In der Zwischenzeit stand Möhre noch auf der Schulweide und dachte über das nach, was eben passiert war. «Merkwürdig ist das», sagte er. «Findet ihr nicht auch?»

Als ihm niemand antwortete, sah er sich verdutzt um. Zum ersten Mal an diesem Morgen. Denn vorher war Möhre einfach zu sehr damit beschäftigt gewesen, das Geschehen im Klassenzimmer zu verfolgen und darüber nachzudenken. Jetzt aber bemerkte er, dass er ganz alleine auf der Schulweide stand. Ohne Zicki und Zacki, die für gewöhnlich immer da waren. Nur heute nicht.

«Das ist ja schon wieder merkwürdig», murmelte er verdutzt und schaute sich fragend um. Wo waren seine Wollschweinfreunde abgeblieben? Ob sie vielleicht verschlafen hatten? Andererseits, wenn er es recht überlegte, konnte er gar nicht sagen, ob sie gestern beim Feiern überhaupt dabei gewesen waren. Es war so ein Trubel gewesen, dass er keine Zeit gehabt hatte, die beiden zu vermissen.

Jetzt aber vermisste Möhre sie schon, und er war schon drauf und dran, sie suchen zu gehen, als er mit einem Mal innehielt. Irgendein winziges Detail war ihm gerade ins Auge gesprungen. Irritiert blinzelte Möhre. Dort, wo er eben noch vor dem Klassenzimmerfenster gestanden hatte, entdeckte er es. Da waren Abdrücke in der Erde! Gleich neben seinen Minihufspuren! So, als ob jemand genauso in die Klasse gelinst hatte wie er vorhin. Vielleicht sogar gestern nach der Theateraufführung, als Frau Pettersen die Klassenkasse in dem Brennnesseltopf versteckt hatte?! Das würde zumindest erklären, wie der Dieb herausgefunden hatte, wo das Geld war. Und während Möhre immer noch auf die Abdrücke in der Erde

starrte, fiel ihm noch etwas Wichtiges dabei auf. Diese Abdrücke hatten überhaupt nichts mit dem fehlenden Wurstbrot oder mit dem gestohlenen Apfelkuchen zu tun. Diese Abdrücke sahen ganz anders aus als die Pfotenabdrücke des Schokowuschels am Waldrand. Wieso sollte der Hund auch Geld stehlen? Das konnte man ja nicht fressen. Außerdem war der Schokowuschel mit Sicherheit längst im Birnental. Er war es dieses Mal nicht gewesen. Und auch kein Tier von hier. Diese Abdrücke waren nämlich nichts anderes als Schuhabdrücke von einem Menschen! Das war ein ziemlich wichtiger Hinweis, wurde Möhre klar, und deshalb war es an der Zeit, das Detektivsein wieder in die Hufe zu nehmen. Und zwar jetzt gleich!

Zwischen Feld, Wald und Flur sind die Apfeltaldetektive dem Täter auf der Spur

Wie ein geölter Blitz flitzte Möhre hinüber zum Pfannkuchenhof. Eigentlich hatte er ja Zicki und Zacki suchen wollen. Doch die hatte er in der Aufregung schon wieder vergessen. Stattdessen bremste er mit Karacho vor Greta ab.

«Wieso hast du es denn so eilig?», fragte sie verwundert, während sie die Kostüme und Requisiten zurück in die Kisten räumte. «Sag bloß, du bist scharf aufs Aufräumen.»

Wäre Möhre ein Mensch gewesen, hätte er Greta jetzt einfach erzählt, was er soeben herausgefunden hatte. Und auch, dass sie deshalb keine Zeit verlieren durften.

Es bestand schließlich die Möglichkeit, dass der Täter zurückkam, um seine Spuren zu verwischen. Doch auch wenn Möhre vieles konnte, die Menschensprache sprechen, das konnte er dann leider doch nicht. Zum Glück gab es aber genau für solche Fälle ihren Pony-Geheimcode, und deshalb peitschte Möhre jetzt mit dem Schweif. In der Hoffnung, dass Greta es dieses Mal begriff.

Und wirklich flüsterte sie: «Du willst was besprechen?»

Erleichtert seufzte Möhre auf. Endlich verstand sein allerliebster Lieblingsmensch ihn wieder! Er nickte.

Greta lächelte. «Weißt du, ich habe auch schon darüber nachgedacht. Es wird Zeit, dass wir Apfeltaldetektive den Fall in die Hand nehmen, meinst du nicht auch? Wir treffen uns also am besten gleich nach der Schule im Geheimbüro.»

Möhre nickte, um gleich darauf die Mähne zu schütteln.

«Hä?», machte Greta. «Was denn nun?»

Als Antwort blinzelte Möhre mit den Augen.

«Ah», sagte sie. «Und was?»

Da legte Möhre die Ohren an und peitschte wieder mit dem Schweif.

«Oh, das klingt aber gar nicht gut», murmelte sie und

blickte verstohlen zu Frau Pettersen, die vor der Scheune soeben mit Paul und Leon die Burgleinwand zusammenfaltete. «Wenn es wirklich so dringend ist, wie du sagst, könnten wir schnell ins Geheimbüro verschwinden. Wenn wir den geheimen Eingang durch deine Box nehmen, wird uns garantiert niemand sehen.»

Aber das war es gar nicht, was das Inspektorpony wollte. Deshalb machte Möhre jetzt etwas, das er sonst nie tat. Er biss in Gretas T-Shirt und zog sie einfach mit sich mit.

«He!», rief sie ärgerlich. «Was soll denn d... ach so!» In ihren Augen blitzte es. «Du willst gar nicht quatschen. Du willst mir was zeigen!»

Da ließ Möhre ihr T-Shirt los und nickte.

«Also gut!» Greta gab sich geschlagen. «Frau Pettersen wird es schon nicht mitbekommen, wenn wir für eine Weile verduften.»

Flugs trommelte sie Wolke, Hennes und Jasper zusammen. Als Möhre daraufhin auch schon in Richtung Schule abdüste, blieb den vieren nichts anderes übrig, als hinterherzurennen.

Auf der Schulweide vor dem Klassenzimmerfenster stoppte Möhre und tippte mit den Nüstern auf die Schuhabdrücke.

Zuerst guckten die vier Apfeltaldetektive ratlos, doch dann verstanden sie.

«So also hat der Dieb herausgefunden, wo Frau Pettersen das Geld versteckt hat», rief Hennes.

Und Jasper meinte: «Nach der Schule hole ich gleich den Detektivkoffer und nehme einen Gipsabdruck davon. So können wir die Abdrücke mit den Schuhen von allen Kindern abgleichen.»

«Dann sind wir uns also einig?», fragte Greta und sah in die Runde. «Wir übernehmen den Fall?»

Alle nickten.

«Zwischen Feld, Wald und Flur sind die Apfeltaldetektive dem Täter also mal wieder auf der Spur», sagte Wolke verschwörerisch. «Ich hoffe, wir finden den Fiesling, ehe die Polizei kommt.»

Und rasch erzählte sie auch Hennes, Jasper und Möhre davon, was sie vorhin belauscht hatte. Nicht nur die beiden Jungs machten daraufhin betroffene Gesichter, sondern auch Möhre.

«Na ja», meinte Greta, die nicht so viel Mitgefühl für den Dieb hatte. «Wurstbrote zu klauen ist eine Sache. So viel Geld zu stehlen, aber eine ganz andere. Damit hat er sich strafbar gemacht. Der Dieb wird einen Haufen Ärger kriegen, wenn das Geld nicht bald auftaucht. Daran ist er selbst schuld!»

Möhre wollte mit dem Huf aufstampfen, um zu erklären, dass die beiden Taten gar nichts miteinander zu tun hatten. Doch dann schoss ihm in den Kopf, dass er damit automatisch auch das Geheimnis des Schokowuschels preisgab. Klar, der Hund war mit Sicherheit längst im Birnental. Aber es bestand die klitzekleine Möglich-

keit, dass er es vielleicht doch nicht war. Und wenn die Kinder von ihm erfuhren, würde es Oma Astrid über kurz oder lang auch mitkriegen. Und deshalb stampfte er jetzt lieber nicht mit dem Huf auf, sondern kritzelte stattdessen etwas neben die Schuhabdrücke in die Erde. Und zwar: WWW!

Du musst wissen, dass Möhre in Frau Pettersens Unterricht nicht nur das Lesen und Rechnen gelernt hatte, sondern natürlich auch die Buchstaben kannte. Richtig schreiben war für ein Pony natürlich schwierig, aber mit dem Huf ein paar Buchstaben in die Erde kritzeln, das kriegte Möhre locker hin!

«Ja, klar», riefen seine Freunde, als sie auf die krakeligen Buchstaben blickten. «Die drei Wees! Das Detektiv-Einmaleins. *Wie? Wer? Wieso?*»

«Na, WIE wissen wir jetzt», sagte Hennes und deutete auf die Schuhabdrücke. «Der Dieb ist unserer Lehrerin gestern Abend nach dem Theater gefolgt und hat von

hier aus beobachtet, wie sie das Geld versteckt hat. Dann brauchte er bloß noch durch die Hintertür reingehen und es mopsen.»

«Und über das WER sagen die Abdrücke uns auch etwas», meinte Greta. «Das sind ziemlich kleine Schuhabdrücke, findet ihr nicht auch?»

«Wie von einem Kind», sagte Wolke bedeutungsschwer.

«Bleibt nur die Frage, WIESO der Dieb das getan hat», warf Jasper ein. «Wer hat bitte schön was dagegen, dass wir ins Dinotal fahren?»

Darauf wusste niemand eine Antwort. Nicht mal der Inspektor.

Was daran liegen konnte, dass das gar nicht der eigentliche Grund war, wieso das Klassengeld gestohlen worden war. Womöglich steckte ein ganz anderer dahinter – und mit ein bisschen detektivischem Gespür und Glück würden die fünf das aber bald herausfinden. Denn wenn sie wussten, wieso der Dieb das Geld gestohlen hatte, würden sie auch erfahren, wer es getan hatte. Dummerweise mussten die vier Apfeltaldetektive jetzt aber erst mal zurück zum Unterricht, ehe Frau Pettersen ihr Verschwinden bemerkte.

«Also, nach der Schule im Geheimbüro», sagte Wolke, und die anderen schlugen ein, bevor sie schnell kehrtmachten, um zum Pfannkuchenhof zurückzulaufen.

Auch Möhre wollte schon hinterherflitzen, als er Zicki und Zacki auf der Schulweide entdeckte. Hungrig standen sie unter den Apfelbäumen und suchten den Boden nach Regenwürmern ab. Regenwurm-

Spaghetti mochten Zicki und Zacki nämlich besonders gern.

«Wo kommt ihr denn so plötzlich her?», rief Möhre erstaunt und trabte zu ihnen hinüber. «Wo wart ihr die ganze Zeit?»

«Wieso?», nuschelte Zicki. Dabei hatte er den Rüssel voller Erde und ein verlegenes Grinsen im Wollschweingesicht. «Wir waren doch hier.»

«Oinkidoinki, du hast uns nur nicht bemerkt», grunzte Zacki und guckte genauso verlegen wie sein Bruder. Es war offensichtlich, dass die beiden ihn anflunkerten. Denn augenblicklich wurden ihre Schweineöhrchen knallrot.

Sonst machten Zicki und Zacki so etwas nie. Schließlich waren die drei allerbeste Freunde, und allerbeste Freunde flunkerten sich nicht an.

«Sagt mal, verheimlicht ihr beiden mir etwas?», fragte Möhre argwöhnisch. «Ihr seid in letzter Zeit so komisch.»

«Quatsch», sagte Zicki.

«Ja, wir sind wie immer», grunzte Zacki.

«Seid ihr nicht», antwortete Möhre. «Ihr seid nie da, und wenn, dann tut ihr ständig so geheimnisvoll. Außerdem seid ihr richtig dünn geworden!» Besorgt blickte er auf seine Freunde, deren wuzzeliger Bauch bloß noch ein

Bäuchlein war. «Hört mal, wir sind schließlich Freunde, und ihr zwei könnt mit mir reden, wenn euch etwas auf dem Herzen liegt. Das wisst ihr doch, oder?»

Zicki und Zacki wechselten einen schnellen Blick. «Alles gut», grunzten sie und steckten rasch die Rüssel zurück in die Erde, ehe Möhre sie noch mehr ausfragen konnte.

Es blieb ihm also nicht anderes übrig, als nachdenklich davonzutrippeln. Es war eindeutig, dass die beiden ein Geheimnis vor ihm hatten, es jedoch nicht preisgeben wollten.

Dafür musste man gar kein Inspektor sein, um das zu erkennen. Und wäre die Sache mit dem Dieb nicht so dringend gewesen, hätte Inspektor Möhre auch augenblicklich die Fährte von dem Wollschweingeheimnis aufgenommen. Es war nur so, dass die Sache mit dem gestohlenen Geld wirklich dringend war. Wo doch bald die Polizei eingeschaltet werden sollte. Und Möhre wünschte keinem Kind, von der Polizei verhört zu werden. Es war also mehr als nötig, die Sache auf Apfeltalweise zu lösen! Was bedeutete, dass sie so rasch wie möglich den Fall aufklären mussten, bevor noch Schlimmeres passierte. Und deshalb mussten Zicki und Zacki schweren Miniponyherzens jetzt auch erst mal warten.

Greta, Wolke, Hennes und Jasper stellen dem Dieb eine Falle, aber ob sie zuschnappen wird?

Wie abgemacht trafen sich die Apfeltaldetektive und der Inspektor nach der Schule im Geheimbüro. Der Treffpunkt der fünf lag direkt hinter Möhres Box im Heulager. Um dorthin zu gelangen, musste man nur das lose Brett in der Box beiseiteschieben und durch das Loch schlüpfen. Sonst nutzte Möhre den Geheimeingang ja gern, wenn ihn der Hunger plagte und Oma Astrid mal wieder versehentlich zu wenig Heu in seine Box gelegt hatte. Was nach Möhres Meinung eigentlich dauernd der Fall war. Denn so kleine Miniponys, wie er eines war, mochten vielleicht klein aussehen. Innen drin aber waren sie sehr viel größer. Und daher hatten sie auch einen sehr viel größeren Appetit, als man meinen konnte.

Die besagte Ecke im Heulager war also nicht nur Möhres geheime Heuquelle, sondern auch das geheime Detektivbüro unserer Apfeltaldetektive. Weil man sich dort in Ruhe treffen konnte und die Beweise sichern und die Lage besprechen, ohne dass der Dieb Wind davon bekam.

Und genau das machten die vier Apfeltaldetektive und Inspektor Möhre jetzt auch, als sie auf den Heuballen hockten und auf die Bretter starrten. Dahin hatte Wolke nämlich ihre bisherigen Beweise gepinnt. Auch den Gipsabdruck, den sie vorhin genommen hatten. Das war gar nicht schwer gewesen. Sie mussten bloß etwas Gipspulver aus Jaspers Detektivkoffer mit Wasser anrühren und die Pampe dann auf den Abdruck in der Erde gießen.

Als der Gips hart genug geworden war, war der Eins-a-Beweis auch schon fertig. Nun mussten sie nur noch herausfinden, zu wem der Schuhabdruck gehörte.

«Mm», machte Greta und starrte auf das Gipsding vor ihnen, während sie an einem Schokokeks knabberte. «Er könnte von einem Mädchen sein. Seht ihr die Blumenabdrücke in der Sohle?»

«Wie bei meinen», kicherte Wolke, ehe sie erschrocken innehielt. Hastig zog sie einen ihrer Sneakers aus und hielt die Sohle neben den Gipsabdruck. Sogar Möhre erkannte innerhalb von einer Sekunde, dass die beiden Sohlen gleich waren, und Wolke stöhnte auf. «Ich bin das aber nicht gewesen, ehrlich!»

«Ist schon klar», sagte Hennes und deutete auf Wolkes Schuh. «Meine kleine Schwester hat auch solche. Sie

wollte sie unbedingt haben, weil sie gerade total angesagt sind. Als Mama gesehen hat, dass sie bei Waldis in Bad Wilbek im Angebot sind, hat sie zugeschlagen.»

«Nicht nur sie», murmelte Wolke. «Meine Mama hat sie auch bei Waldis gekauft. Und wenn ich jetzt so darüber nachdenke, auch ein paar andere.»

Das stimmte. Viele von den Mädchen trugen derzeit diese Blümchen-Sneakers in der Schule.

«Nur ich nicht», grinste Greta breit. «Die sind nämlich überhaupt nicht ponystalltauglich.»

«Aber dann ist der Gipsabdruck ja für die Tonne?!», sagte Jasper entmutigt. «Was machen wir denn jetzt?» Er starrte auf die Holzwand. Viele Beweise hingen dort ja leider nicht. Bisher wussten sie bloß, dass der Dieb ein Mädchen aus dem Apfeltal sein musste.

«Vielleicht gibt ja der Detektivkoffer noch was her», schlug Hennes vor, was Jasper dazu veranlasste, sämtliche Utensilien aus dem Koffer zu kramen. Ein Feldstecher kam zum Vorschein, eine UV-Lampe sowie eine Lupe. Außerdem die Walkie-Talkies, die ihnen schon einmal geholfen hatten, weil es im Apfeltal keinen Handyempfang gab und daher so gut wie kein Kind ein Handy besaß. Ja, und dann holte er noch das Fingerabdruck-Set hervor.

«Das ist es!» Triumphierend griff Hennes danach. «Wir nehmen einfach die Fingerabdrücke vom Brennnesseltopf. Den würde keiner freiwillig anfassen, weil die Brennnesseln so gemein nesseln. Nur Frau Pettersen. Und weil wir die ausschließen können, haben wir den Dieb!»

«Klasse Idee», riefen die drei Apfeltaldetektive, und auch der Inspektor fand die Idee superduper. Deshalb machten sie sich gleich auf den Weg zur Schule. Zum Glück war der Hintereingang wie immer offen, sodass es kein Problem war, in die Klasse zu gelangen, auch wenn es bereits nachmittags war.

Möhre fand es natürlich besonders spannend, denn bisher hatte er ja bloß von draußen ins Klassenzimmer geschaut. Während Greta, Wolke, Hennes und Jasper also mit dem Fingerabdruck-Set zu dem Brennnesseltopf gingen, blickte sich Möhre neugierig um. Besonders gut gefielen ihm die vielen bunten Bilder an den Wänden und das große Plakat von der Weltkugel.

«Autsch!», rief Jasper, als er zum Topf greifen wollte. «Jetzt bin ich an die Brennnessel gekommen!» Er rieb sich die Hände, auf denen sich schnell rote Quaddeln ausbreiteten.

Wolke blinzelte. «Brennnesseln, na klar», rief sie. «Der Dieb hat sich auch genesselt, als er das Geld gestohlen hat. Deshalb hatte er genauso rote Finger wie du jetzt. Oje, ich weiß, wer es gewesen ist.»

Verdutzt starrten die Apfeltaldetektive auf Wolke.

Und du fragst dich jetzt bestimmt ganz erstaunt, wie Wolke auf den Dieb gekommen ist. Oder etwa doch nicht? Vielleicht hast du ja auch wie ein richtiger Detektiv die ganze Zeit über gut aufgepasst? Deshalb ist dir dieses kleine Detail auch nicht entgangen, genauso wenig wie Wolke?

Gratuliere, denn das ist ja eines der wichtigsten Dinge, wenn man ein Detektiv ist. Nämlich das Beobachten und Herausfinden von möglichen Beweisen. Und daher weißt du jetzt ebenfalls, wer der Dieb gewesen sein muss …

Unsere vier anderen Detektive hatten da vielleicht nicht ganz so gut aufgepasst, denn Greta fragte: «Wieso oje?», und Hennes rief: «Wer war es denn?»

«Mann, sag schon», drängte Japser, und auch Möhre wackelte neugierig mit den Ohren.

«Darauf kommt ihr nie», seufzte Wolke. «Marie muss es gewesen sein. Weißt du noch?» Sie sah Greta an. «Die hatte doch heute in der Schule so rote Finger.»

Jetzt erinnerte Greta sich wieder. «Ach, deshalb war sie plötzlich so komisch, als du von der Polizei erzählt hast», sagte sie. «Übrigens hat sie auch solche Blumen-Sneakers.»

«Marie?» Verwundert schüttelte Hennes den Kopf. «Die ist doch so schüchtern und traut sich nichts. Und wieso sollte sie so viel Geld klauen und Pauls Wurstbrot?»

Das stimmte, und deshalb wunderte sich Möhre genauso darüber. Na ja, über das geklaute Wurstbrot nicht. Da kannte er ja die Wahrheit. Über Marie hingegen wusste er nicht so viel. Sie kam nie zum Abenteuerreiten, und in der Klasse sagte sie auch so gut wie nie etwas. Das bisschen, was er also über sie wusste, passte so gar nicht in das Bild von einem gemeinen Dieb. Die Beweise jedoch sprachen dafür, und seltsamerweise musste Möhre plötzlich an den Schokowuschel denken. Der war auch zum Dieb geworden,

obwohl er mit ziemlicher Sicherheit keiner Fliege etwas zuleide tat.

«Meint ihr, wir sollen ihr sagen, dass wir es wissen?», fragte Wolke.

«Und was ist, wenn sie alles abstreitet?», überlegte Hennes.

«Dann wird die Polizei kommen und bestimmt Abdrücke vom Nesseltopf nehmen», sagte Jasper düster. «Also, lieber doch Hände weg vom Topf. Sonst sind nicht nur die von Marie drauf, sondern unsere auch.»

«Oh», machten die drei anderen Apfeltaldetektive und wichen hastig zurück.

«Komisch», sagte Greta, als sie sich wieder in ihrem geheimen Detektivbüro versammelt hatten. «Vorhin war ich noch wütend auf den Dieb. Jetzt tut mir Marie einfach leid. Bestimmt gibt es einen wichtigen Grund, warum sie das getan hat.»

Alle nickten. Auch Möhre, und wieder wanderten seine Gedanken zum Schokowuschel.

«Wir müssen sie einfach dazu überreden, das Geld zurückzugeben», erklärte Jasper. «Dann können wir das Schlimmste vielleicht verhindern.»

«Und wie?», wollte Hennes wissen.

«Indem wir ihr keine andere Wahl lassen.» Wolke

tippte auf eines der Detektivbücher, die im Detektivbüro lagen. Wolke war nämlich eine richtige Leseratte, und das hatte den großen Vorteil, dass sie dadurch schon mal den einen oder anderen brauchbaren Tipp auf Lager hatte. So wie jetzt.

«Mit einem Trick! Steht alles hier drin.»

«Jaaaa», rief Möhre, der sofort verstand, worauf Wolke hinauswollte. «Das hab ich mal mit Oma Astrid in einem Sonntagskrimi gesehen. Da haben sie einfach so getan, als hätten sie einen ganz wichtigen Beweis gefunden, den sie bloß noch sicherstellen müssten. Und dann haben sie sich auf die Lauer gelegt, bis der Täter gekommen ist, um den Beweis zu vernichten. So hat er sich automatisch verraten.»

Für die vier Apfeltaldetektive hörte sich das jedoch ganz anders an! Eher so:

Schnaub-Brrra-Wüh!

Die vier starrten Möhre erstaunt an, und er seufzte, als ihm klar wurde, dass die vier ihn ja gar nicht verstehen konnten. Also wackelte er stattdessen mit dem Popo.

Das war nämlich einer seiner Geheimcodes, wie du hinten im Buch nachsehen kannst, und deshalb kapierten die vier Apfeltaldetektive augenblicklich, was Möhre sagen wollte, und fingen gleich an, einen Plan zu schmieden. In der Hoffnung, dass ihre Falle daraufhin auch zuschnappte …

Von Kindern und Wollschweinen kann man eine Menge lernen,

findet Möhre heraus

«Hallo, hört ihr mich?», tönte es am nächsten Tag während der großen Schulpause aus dem Walkie-Talkie. Es war Jasper, der mit Hennes schon die Stellung eingenommen hatte.

«Klar und deutlich», sagte Greta ins andere Walkie-Talkie. Sie lief gerade mit Wolke und Möhre auf den Waldrand zu. «Wir sind jetzt auch auf dem Weg zu euch. Hoffentlich kommt Marie bald, ehe die Pause vorbei ist.»

«Dann hat sie den Köder also geschluckt?», fragte Hennes.

Wolke grinste, als Greta antwortete: «Und wie! Wir haben ihr erzählt, dass Frau Pettersen heute Morgen eine wichtige Spur gefunden hätte, die zum Waldrand führt. Jetzt müsste sie den Hinweis bloß noch überprüfen und wüsste dann, wer die Klassenkasse gestohlen hat.»

«Das ist ganz schön clever von uns gewesen, ihr diese

Stelle zu nennen», hörte man Jaspers zufriedene Stimme durchs Walkie-Talkie. «Marie wohnt ja ganz in der Nähe vom Wald. Bestimmt glaubt sie jetzt, dass sie auf dem Nachhauseweg nach dem Theater dort was verloren hat, das sie verraten könnte.»

«Dann gebt mal Gas», krähte Hennes dazwischen. «Sie darf uns auf keinen Fall sehen!»

Hennes hatte recht. Ihr Plan würde nur funktionieren, wenn Marie nicht mitbekam, dass sie bereits auf der Lauer lagen. Deshalb rannten Greta und Wolke jetzt auch los, so schnell sie konnten. Möhre schwang ebenso die Hufe, und bald hatten die drei den Treffpunkt erreicht.

«Hierher», zischte es hinter der großen Eiche.

Hastig quetschten sich die drei zu Hennes und Jasper ins Gebüsch. Und das keine Sekunde zu früh. Denn im nächsten Moment hörte Möhre auch schon, wie sich jemand näherte. Wie du bestimmt weißt, haben Pferde ein viel besseres Gehör als Menschen – das gilt natürlich auch für Miniponys!

Rasch legte Möhre also die Ohren an, und die vier Apfeltaldetektive verstanden sofort und verstummten, sodass man nur die Vögel zwitschern hörte. Sonst nichts.

Dann zerschnitt ein Knacksen die Stille des Waldes.

Es war Marie. Sie stand keine zwei Meter vor ihnen beim alten Eichenbaum. Suchend blickte sie zu Boden.

«Da wirst du lange suchen müssen», tönte es aus dem Gebüsch.

Erschrocken fuhr Marie herum. «Wer ist da?»

Als Greta, Wolke, Hennes, Jasper und Möhre hinter der Eiche hervorkamen, wurde Marie kreidebleich. «Was macht ihr denn hier?»

«Dasselbe könnten wir dich fragen», konterte Hennes.

«Deine Spuren haben dich verraten», seufzte Greta. «Wir wissen es!»

«Nur wieso du es getan hast, das haben wir bisher noch nicht herausgefunden», meinte Wolke.

«Aber Leugnen ist zwecklos», bekräftigte Japser. «Also, sag schon, warum du das Geld geklaut hast.»

«Und das Wurstbrot und den Apfelkuchen», ergänzte Hennes. Auch wenn diese Dinge im Gegensatz zum Geld Kleinigkeiten waren, gehörten sie dennoch auf die Liste der gestohlenen Dinge.

Marie aber schüttelte den Kopf. «Ich hab kein Wurstbrot geklaut und auch keinen Apfelkuchen ... aber das Geld ...» Sie brach ab und blickte schuldbewusst zu Boden. «Es ist wegen dem Baby», flüsterte sie dann. «Mama kriegt doch bald ein Kind. Eigentlich ist das toll, denn dann bin ich eine große Schwester. Aber mein Papa hat vor Kurzem seinen Job verloren. Jetzt haben wir kaum Geld. Dabei braucht ein Baby so viele Dinge. Einen Kinderwagen, ein Gitterbett, einen Autositz ...» Marie schluchzte auf. «Deswegen streiten Mama und Papa nur noch ... Und da bin ich auf diese blöde Idee gekommen, das Geld zu nehmen. Aber jetzt sucht die Polizei nach mir ... und das macht mir solche Angst.» Dicke Tränen rollten über Maries Wangen. «Es tut mir alles so schrecklich leid», heulte sie.

Betroffen sahen sich die vier Apfeltaldetektive und der Inspektor an. Und du bist bestimmt derselben Meinung wie sie: Es war eindeutig falsch gewesen, das Klassengeld zu klauen. Aber zum Dieb zu werden, weil man keine Sachen für ein Baby kaufen kann, war auch nicht besonders toll.

«Hast du denn das Geld noch?», fragte Hennes.

Marie nicke schniefend. «Ja, es ist alles noch da. Die Kasse ist in meinem Schulrucksack. Ich hab das Geld gezählt. Es sind tausendzweihundertunddreiundvierzig Euro.» Ein mageres Lächeln schlich sich auf ihr bleiches Gesicht. «Gar nicht übel, was?!»

Das fanden auch die vier Apfeltaldetektive. Und auch, dass das Geld noch da war.

Deshalb sagte Greta: «Hör mal, Marie! Ich bin mir sicher, dass Frau Pettersen und die anderen es verstehen werden, wenn du ihnen die Wahrheit sagst.»

«Und du das Geld zurückgibst», ergänzte Wolke. «Dann muss auch die Polizei nicht kommen.»

«Bestimmt werden alle total sauer auf mich sein?», sagte Marie ganz, ganz leise.

«Vielleicht finden dich auch alle mutig, weil du so ehrlich bist.» Aufmunternd legte Greta den Arm um sie. «Wir begleiten dich auch, wenn du willst.»

«Ja», flüsterte Marie. «Das wäre sehr nett von euch.» Und mit hängendem Kopf lief sie mit den anderen zurück zur Schule.

Natürlich kam auch Möhre mit. Maries Beichte vor der versammelten Klasse wollte er sich auf keinen Fall entgehen lassen. Außerdem fand er die Reaktion der Apfeltaldetektive so was von miniponystark! Sie hatten Maries Notlage erkannt und waren dazu bereit, ihr zu helfen! Bestimmt würden das auch die anderen Kinder aus der Klasse so sehen, wenn Marie ihnen erst mal die Wahrheit gesagt hatte.

Als sie die Schulweide erreichten, hörten sie auch schon die Schulglocke bimmeln. Sie kündigte das Ende der großen Pause an, und die Kinder beschleunigten ihre Schritte.

Inmitten des Gebimmels war da aber noch ein anderes Geräusch. Möhre spitzte die Ohren. Es kam vom Waldrand, und als Möhre sich umdrehte, sah er noch einen Schatten, der soeben klammheimlich in den Wald huschte. Nein, dieses Mal waren es zwei. Mit krummen Beinchen und derzeit nicht ganz so wuzzeligen Bäuchen.

«Nanu, was machen die denn da?», schnaubte Möhre verdutzt, ehe sein Spürsinn wie selbstverständlich die Fährte aufnahm. Der Fall um den Gelddieb war ja nun aufgeklärt. Und auch wenn Maries Geständnis bestimmt interessant war, so war es noch viel interessanter zu erfahren, was Zicki und Zacki hinter seinem Rücken in letzter Zeit so trieben! Was immer die beiden dort im Wald zu suchen hatten, musste der Grund dafür sein, warum sie sich so merkwürdig verhielten.

Hastig machte Möhre kehrt und folgte seinen beiden Wollschweinfreunden. Die vier Detektive würden auch ohne ihren Inspektor Marie dabei helfen, der Klasse reinen Wein einzuschenken. Davon war Möhre überzeugt, und daher legte er jetzt einen Zahn zu. Zicki und Zacki wuselten nämlich ziemlich flink im Schweinezickzack durch die Baumreihen.

Zum Glück hatten die Kinder schon fast die Schule erreicht, sodass es ihnen gar nicht weiter auffiel, dass Möhre wieder zurück in den Wald gelaufen war.

Der Weg, den Zicki und Zacki nun nahmen, kam Möhre irgendwie bekannt vor. Und wirklich erreichten sie bald das Versteck von dem kleinen Schokowuschel. Als die beiden Wollschweine wie selbstverständlich in das Innere der Höhle huschten, zögerte Möhre nicht lange und schlich hinter ihnen her.

«Wir haben dir heute was ganz Leckeres mitgebracht», hörte er Zacki grunzen. «Oma Astrid hat gestern nämlich Kohlrouladen gekocht. Und die Reste hat sie uns gebracht.»

«Und wir jetzt dir», grunzte Zicki. «Lass es dir also schmecken. Ich hoffe, du magst Kohlrouladen?»

«Das ist so lieb von euch», nuschelte der Schokowuschel dankbar. «Und was fresst ihr?»

«Och», grunzten die beiden. «Regenwürmer und so ...»

Aha, dachte Möhre und musterte den Schokowuschel, der nun nicht mehr ganz so spindeldürr aussah, dann wanderte sein Blick zu Zicki und Zacki, die dafür nun richtig sportlich wirkten. Beinahe athletisch.

Die Bewegung und weniger Futter hatten ihnen nicht geschadet, stellte Möhre eifersüchtig fest. Es war glasklar, was hier passierte. Immerhin war er ein sehr schlaues Minipony, und daher konnte er sich selbst zusammenreimen, dass Zicki und Zacki dem Schokowuschel in letzter Zeit immer ihr Futter gebracht hatten.

Dennoch fragte er: «Was macht ihr denn hier?»

Erschrocken fuhren die drei herum, und dann riefen sie beinah gleichzeitig: «Ups!» So, als wären sie längst beste Freunde.

Das fühlte sich so mies an, dass Möhre glatt schon wieder dieses doofe Bauchzwacken bekam. Gerade wollte er Zicki und Zacki ordentlich die Meinung geigen, und zwar, dass er das total doof von ihnen fand, dass sie ihn so hintergingen. Schließlich waren sie sich doch einig gewesen, dass der Schokowuschel keinen Platz auf dem Pfannkuchenhof bekommen sollte ... Doch seltsamerweise musste Möhre im nächsten Augenblick an Marie denken. Und daran, wie schrecklich es war, wenn man gezwungen war, etwas zu stehlen.

Danach wanderten seine Gedanken wie von selbst zu Greta, Wolke, Hennes und Jasper. Die vier hatten so toll auf Maries Geständnis reagiert, und Möhre war ja ein ziemlich schlaues Minipony. So wurde ihm schnell klar, dass Zicki und Zacki ihn mit der Futterbringaktion gar nicht hintergehen wollten – sie wollten dem armen Schokowuschel bloß helfen. Mehr nicht! Und das war eine ganze Menge. Mehr, als Möhre in dieser Sache je getan hatte.

Oh, meine allerliebsten Wollschweinfreunde, dachte Möhre beschämt. Sie hatten nicht nur längst begriffen, was er erst jetzt kapiert hatte. Sie hatten ihn mit ihrer Heimlichtuerei auch beschützen wollen. Denn die beiden wussten ja, wie wichtig Möhre die Krimiabende mit Oma Astrid waren. Daher war er es, der nun «Ups» sagte. Und auch: «Es tut mir leid, dass ich so egoistisch gewesen bin.»

Dann sagte er zum Schokowuschel: «Oma Astrid mag Hunde in Wirklichkeit total gern. Ich bin mir sicher,

wenn sie dich sieht, wirst du ratzfatz zum neuen Bruno erklärt. Und dann hast du wieder ein Zuhause. Ein ziemlich tolles, um ehrlich zu sein.»

Erstaunt sahen Zicki und Zacki Möhre an. «Und das macht dir nichts aus? Was ist denn dann mit dem Sonntagskrimi?»

Möhre seufzte kläglich. Zugegeben, der würde ihm in Zukunft schon sehr fehlen. Aber wenn dem Schokowuschel geholfen war, würde er schon irgendwie damit klarkommen. Auch wenn Miniponys ziemlich klein aussehen mochten, waren sie innen drin ja viel größer. Und das traf nicht nur auf ihren Appetit zu, sondern auch auf ihr Herz.

Deshalb erzählte Möhre jetzt auch, was währenddessen auf dem Pfannkuchenhof passiert war und dass er dadurch verstanden habe, dass es nicht immer darum ging, seine eigenen Interessen durchzusetzen. Manchmal war es eben wichtiger, auf andere zu achten. Vor allem auf jene, denen es nicht so gut ging. «Und das habe ich alles von den Kindern gelernt», sagte Möhre etwas kleinlaut.

«Und von den Wollschweinen», sagte der Schokowuschel.

«Stimmt», schnaubte Möhre.

«Oinkidoinki, du hast recht», grunzte Zicki erstaunt. «Dieses Mal hast du was von uns gelernt. Nicht umgekehrt. Saustark finde ich das!»

«He», quiekte Zacki eingeschnappt. «Oinkidoinki ist doch mein Wort!»

«Grunzoklaro», grinste Zicki schief. «Und jetzt lasst uns nach Hause gehen. Wird Zeit, dass Schokowuschel einen eigenen Fressnapf kriegt.»

«So machen wir's», wieherte Möhre erleichtert.

«Nach Hause», sagte der Schokowuschel gerührt. «Wie schön!»

Oma Astrid radelt nach Bad Wilbek und kommt mit einer Überraschung zurück

Ja, und so kam es dann auch, wie Möhre es vorhergesagt hatte! Als das Minipony und die Wollschweine mit dem niedlichen Schokowuschel im Schlepptau den Hof erreichten, verliebte Oma Astrid sich augenblicklich in ihn.

«Ach, deshalb sind in letzter Zeit so viele Dinge vom Hof verschwunden!», rief sie. Denn natürlich hatte Oma Astrid sofort verstanden, dass das der Schokowuschel gewesen sein musste. Vor allem, dass er es bloß getan hatte, weil er ein neues Zuhause suchte. Sie hatte nun mal ein Herz für Tiere und somit auch einen guten Blick für das, was Tiere brauchen. «Du bleibst also einfach bei uns», beschloss sie. «Auf dem Pfannkuchenhof wird es dir gefallen.» Zärtlich strich sie über das schokobraune Fell des Hundes. «Stimmt's, mein Bruno?!»

Na, so was, wirst du jetzt sagen! Verwechselt sie da nicht etwas? Aber ich glaube, Oma Astrid nannte den neuen Hund ebenfalls Bruno, weil sie sich sofort in ihn verguckt hatte. Und es war ja noch alles da, was dem alten Bruno gehört hatte. Der Fressnapf, auf dem Bruno draufstand. Oder das gemütliche Hundebett, das nach Bruno roch.

Außerdem schien der neue Bruno mit seinem Namen auch ziemlich einverstanden zu sein, er spitzte nämlich immer sofort seine Fliegerohren, wenn Oma Astrid ihn so nannte.

Und wenn du jetzt glaubst, dass damit unsere Geschichte zu Ende ist, dann habe ich noch eine Überraschung für dich. Nein, sogar zwei!

Außerdem willst du ja bestimmt auch wissen, wie es mit Marie in der Schule weitergegangen war. Denn als Greta wie immer nach der Schule zu Möhre kam, um ihm eine superduper Pony-Ganzkörpermassage zu verpassen, erzählte sie Folgendes: «Jetzt stell dir vor, was heute noch passiert ist. Du warst ja plötzlich so schnell weg.»

«Ja», brummelte Möhre, während er die superduper Pony-Ganzkörpermassage in vollen Zügen genoss. «Und bald wirst du auch wissen, wieso, wenn du erst mal den neuen Bruno kennengelernt hast. Und du musst auch wissen, dass er der Wurstbrotdieb war, und den Apfelkuchen hat er auch geklaut. Aber er hatte auch einen Grund dafür ... Aber erzähl du erst einmal ... nur vergiss dabei nicht, mich zu bürsten, ja, genau so ...»

Doch alles, was Greta hörte, war: «Pffffrrrrr!»

Also bürstete sie Möhre weiter, weil auch sie ein Herz für Tiere hatte. Allen voran für Ponys, und daher wusste sie genau, wo sich seine Lieblingskratzstellen befanden.

«Marie hat die Klassenkasse zurückgebracht und alles zugegeben», sagte Greta. «Am Anfang waren alle aus der Klasse ziemlich sauer auf sie. Aber dann hat Frau Pettersen gemeint, dass wir uns in Maries Lage versetzen sollten. So würden wir vielleicht verstehen, warum sie zur Diebin geworden ist. Das hat geholfen.» Greta fing an, Möhres Mähne zu kämmen. «Und dann waren wir auch schnell einer Meinung. Und zwar, dass es toll wäre, wenn man dem Baby helfen könnte.» Greta ließ die Bürste sinken. «Stell dir vor, Möhre, was für eine tolle Idee Frau Pettersen hatte! Wir führen nämlich das Theaterstück einfach noch einmal auf, dieses Mal in Bad Wilbek! Der Bürgermeister hat Frau Pettersen sogar schon danach gefragt. Und diesmal bekommt das Baby die Eintrittsgelder. Na gut, es ist jetzt nicht um die Ecke. Aber um diese Jahreszeit ist die Hoppeheide ja supertrocken. Da sind wir mit euch Ponys flugs in die Stadt geritten. Na, was sagste?!»

Als Antwort wackelte Möhre begeistert mit dem Popo. Das war wirklich eine superduper Neuigkeit! Nicht nur, weil es bestimmt spannend werden würde, das Theater in der Stadt aufzuführen. Möhre war noch nie in der Stadt gewesen, und darauf freute er sich. Aber noch schöner war es, dass alle aus Gretas Klasse nicht länger böse auf Marie waren, sondern ihr sogar helfen wollten. Allen voran dem Baby!

Das machte Möhre so stolz, dass er beschloss, dem Sonntagskrimi nicht länger hinterherzutrauern. Wenn die Kinder über ihren Schatten springen konnten, konnte er es auch. Außerdem war es im Apfeltal auch ohne Sonntagskrimi spannend genug!

Doch dann kam alles noch mal anders. Und das betraf natürlich die zweite Überraschung, von der ich dir erzählt habe und die ich dir noch schuldig bin.

Am Samstagmorgen holte Oma Astrid nämlich ihren Bertram hervor. Das war ihr E-Bike, mit dem sie stets alles Mögliche transportierte. Bertram hatte aus diesem Grund vorne und hinten zwei riesige Flechtkörbe dran.

«Seid schön brav», sagte Oma Astrid zu ihren Tieren, während sie sich auf Bertram schwang. «Ich muss schnell nach Bad Wilbek fahren. In ein paar Stunden bin ich wieder da.» Und schon radelte sie die Ponyweide entlang, über den Dorfplatz, die Apfelallee hinunter, und weg war sie.

«Ob sie uns was mitbringt?», schnaubte Winnetou, als er Oma Astrid neugierig hinterherblickte.

«Mir bestimmt», antwortete Lord Donnerheim oberwichtig und graste lässig weiter.

Auch die anderen Ponys versenkten daraufhin wieder die Nüstern im Gras. Auch Möhre. Es war ja Samstag und damit schulfrei. An den Wochenenden stand Möhre deshalb auch gern mal mit den anderen Ponys auf der Weide. Die Sonne schien, und die Vögel zwitscherten, wie es so oft im Apfeltal vorkam. Zicki und Zacki nahmen irgendwo ein Schlammbad, und der neue Bruno lag vor dem Hoftor in der Sonne, wie es auch der alte immer getan hatte. So verflog die Zeit wie im Nu, und schon kam Oma Astrid die Apfelallee wieder hinaufgestrampelt. Im hinteren Korb hatte sie eine riesige Tasche.

«Oh», wieherte Lord Donnerheim und tänzelte mit erhobenem Schweif zum Koppelzaun. «Ist das für mi-ich? Ein goldener Sattel? Oder eine Fliegendecke aus Kaschmir? Oder ... oder ...»

Je näher Oma Astrid kam, umso aufgeregter wurde Donni. Zum Glück stellte sie ihr Fahrrad endlich im Hof ab und öffnete die Tasche. Sonst hätte sich der olle Lord vor Neugierde glatt noch überschlagen.

«So», sagte Oma Astrid mit strahlendem Lächeln. «Der Sonntag kann kommen!» Sie hielt ein flauschiges, braunes Etwas in die Höhe, das ein bisschen aussah wie ein riesengroßer, platt gedrückter Ponyapfel. «War im Angebot bei Waldis. Na, was sagt ihr dazu? Toll, nicht?»

«Das ist aber kein goldener Sattel», schnaubte Lord Donnerheim enttäuscht. «Und auch keine Fliegendecke aus Kaschmir.»

«Nö, ist es nicht», japste Möhre, als er erkannte, was es wirklich war. Zugegeben, es war vielleicht nicht aus Kaschmir. Aber trotzdem war es superduper. Es war nämlich nichts anderes als ein zweites Hundebett. Doch das band Möhre dem ollen Lord nicht auf die Nüstern. Stattdessen flutschte er durch den Zaun und trippelte zu Oma Astrid.

«Ich brauche dich doch als Unterstützung, wenn ich mich sonntagabends zu Tode fürchte», sagte sie vergnügt, als sie sah, wie gerührt Möhre dreinguckte. «Manchmal habe ich das Gefühl, du verstehst jedes Wort. Also, ich zähle morgen auf dich!»

Dann ging sie gut gelaunt ins Haus, um das gute Stück neben Brunos Hundebett zu deponieren, während Möhres Ponyherz beinah überquoll vor Glück. Ach was, nicht nur beinah! Richtig kribbelig wurde ihm zumute! Jetzt musste er doch nicht auf die Sonntagskrimis verzichten.

Und du wirst mir recht geben, wenn ich finde, das war auch gut so! Denn so konnte Möhre noch mehr Detektivsachen lernen.

Und das war gar nicht so verkehrt – denn schon bald passierte wieder etwas Merkwürdiges auf dem Pfannkuchenhof. Doch das ist eine andere Detektivgeschichte!

Möhres Geheimcode

Pssst – streng vertraulich

Kopfnicken – Ja

Mähne schütteln – Nein

Hufe scharren – Stell mir die richtige Frage

Grummeln – Das ist die falsche Frage

Hufe stampfen – Du bist auf dem Holzweg

Brummeln – Du bist auf der richtigen Spur

Ohren wackeln – Ich höre dir zu

Nüstern stupsen – Alles wird gut

Schweifgepeitsche – Sofortige Lagebesprechung

Augenblinzeln – Ich habe etwas beobachtet

Wiehern – Achtung, Gefahr im Verzug!

Ohren anlegen – Der Täter ist nahe

Popowackeln – Das ist eine superduper Idee!

Kulleraugen – Kann ich eine Möhre haben, biiitteee!

Michaela Holzinger schrieb schon als Kind Geschichten auf einer unsichtbaren Schreibmaschine. Später kaufte sie sich einen Laptop, seitdem sind über 40 Bücher für Kinder und Jugendliche von ihr erschienen, einige davon wurden mehrfach ausgezeichnet und in verschiedene Sprachen übersetzt. Die ausgebildete Pädagogin lebt mit ihrer Familie im Norden von Österreich, wo eine kunterbunte Esel-Ziegen-Bande sie stets zu neuen Ideen inspiriert.

Katja Schmiedeskamp illustrierte schon als Kind ihre Schulbücher, und so lag nichts näher als ein Studium in Grafik-Design an der Fachhochschule für Kunst und Design in Hannover. Dort lebt sie noch heute mit Katze und Pferd, hat an der Hochschule einen Lehrauftrag und illustriert für Kinderbuch- und Schulbuchverlage.